Erfahrungen und Betrachtungen

–

Ausgewählte Artikel zu Waffentechnik, Munition und Schießpraxis aus der „Deutschen Schützen- und Wehrzeitung der Jahre 1872 bis 1881

Zusammengestellt und herausgegeben von

Wolfgang Finze

2018

Erfahrungen und Betrachtungen – ausgewählte Artikel zu Waffentechnik, Munition und Schießpraxis aus der „Deutschen Schützen- und Wehrzeitung der Jahre 1872 bis 1881/ ausgewählt, zs.gest. u. mit e. Vorw. vers. v. Wolfgang Finze. 1. Auflage. – Norderstedt : Books on Demand, 2018. - 116 S.

© 2018
Herstellung und Verlag: BoD – Books on Demand, Norderstedt.
ISBN: 9783752876710

Meiner Frau gewidmet

Danksagung

Es ist die angenehme Pflicht des Autors, all denen zu danken, die zum Zustandekommen dieses Buches beigetragen haben.

Besonderer Dank gilt dabei den folgenden Personen, die für dieses Buch uneigennützig Informationen bereitstellten, ohne die dieses Buch nie hätte entstehen können.

- Stefan Grus, Wiesbaden
- Brigitte Hölscher, München

Inhalt

Vorwort 1

Erfahrungen und Betrachtungen eines alten Schützen 5

    Innere Beschaffenheit des Rohres 6

    Die Lage des Rohres im Schaft 7

    Die Form der Kugel 9

    Die Kugel 10

    Die Pflaster 12

    Das Einschießen 13

    Der Bogenschuß 16

    Das Reinigen der Büchse 18

    Rücklader 19

    Kreuzpflaster 23

Ueber Gewehrtechnik, insbesondere Hinterladungs-System 29

Ueber Hinterladebüchsen 41

Zur Gewehr-Technik 47

Auch zur Gewehr-Technik! 53

Schießen auf weite Distanzen 59

Zum fünften Mecklenburgischen Landesschützenfest am 2., 3. Und 4. Juli 71

Munitions-Schwierigkeiten 73

Zur Pulverfrage 81

Schießordnung für das siebente Deutsche Bundesschießen in München 1881 87

I. Allgemeine Bestimmungen. 87

II. Feldscheiben. 88

III. Feld-Festscheiben. 90

IV. Standscheiben. 91

V. Stand-Festscheiben...........................92

VI. Schießen um die zehn ersten Becher. ...93

VII. Ehrenscheiben. 95

VIII. Vertheilung der Gaben. 96

IX. Ordnungsvorschriften. 96

Anleitung für die Herren Schützen, welche sich
am siebenten deutschen Bundesschießen
betheiligen 103

Vorwort

Die hier wiedergegebenen Texte aus der „Deutschen Schützen- und Wehrzeitung" geben Einblicke in das Schützenwesen, die Entwicklung der Waffentechnik und der Munition in den Jahren zwischen 1872 und 1882. In dieser Zeit begann bei den Schützen die allmähliche Ablösung der Vorder- durch die Hinterlader. Diese Übergangsphase dauerte deshalb bis etwa 1890, weil längst nicht jeder Schütze über das notwendige Geld für eine neue Waffe verfügte, einer Waffe, die bestenfalls genau so präzise schoss wie der Vorderlader, den er bereits besaß. Außerdem war das Tempo der Entwicklung bei Waffen und Munition so groß, dass viele Schützen befürchteten, eine Waffe zu kaufen, die bald schon wieder veraltet sein würde. Deshalb stellten sie ihren Kauf vorerst lieber zurück.

Hinzu kam noch etwas: Die Schützen konnten ihre Vorderlader problemlos bei allen Wettkämpfen einsetzen, alle Waffen waren gleichberechtigt. Sofern die Büchse den im Ladschreiben gemachten Vorgaben entsprach, war es dem Schützen überlassen, ob er mit seinem Vorderlader oder einem modernen Hinterlader nach der Scheibe schoss. Gesonderte Wertungsklassen für Waffen unterschiedlicher Ladeweise konnten sich nicht durchsetzen.

Das Schützenwesen dieser Zeit unterschied sich deutlich von dem, was heute üblich ist. Man schoss fast ausschließlich mit Büchsen; das sportliche Schießen mit Kurzwaffen war so gut wie unbekannt. Patronen wurden während des Wettkampfs mit einfachen Mitteln wiedergeladen. Jeder Stand hatte dafür einen besonderen Raum, den „Ladsaal", in dem aus Sicherheitsgründen das Rauchen verboten war.

Neben den Tatsachen, dass nur stehend geschossen wurde und sich die Art der Wertung von der heute üblichen unterschied, gab es noch weitere Unterschiede zur heutigen Schießpraxis. Man kämpfte ausschließlich um Geld- oder Sachpreise. Eine besondere Qualifikation für eine Teilnahme an Wettkämpfen war nicht notwendig. Sofern ein Schütze das Startgeld (die Einlage) bezahlte, konnte er an jedem Wettkampf teilnehmen.

Man schoss in der üblichen Kleidung der Schützen, zu der die graue oder grüne Jacke (damals Rock genannt) und der Hut gehörten. Es war verboten, nur „in Hemdsärmeln" zu schießen. Besondere Schießkleidung war unbekannt.

Der 1861 in Gotha gegründete Deutsche Schützenbund hatte sich mehrere Ziele gesetzt. Dazu gehörten die Ausrichtung von deutschen Bundesschießen (die nicht nur sportliche, sondern immer auch gesellschaftliche Ereignisse waren), die Vereinheitlichung der Entfernungen beim Schießen und die Durchsetzung des Freihand-Schießens (also der Anschlag „stehend freihändig") und das Zurückdrängen des aufgelegt-Schießens.

Während es gelang, regelmäßig Deutsche Bundesschießen auszurichten, wurden die anderen Ziele nur teilweise erreicht. Zwar schossen viele Schützen bald auf die vom Schützenbund vorgegebenen Entfernungen von 175m (Standschießen) und 300m (Feldschießen), regional blieben aber nach wie vor andere Schussentfernungen gebräuchlich. Und insbesondere im Norden Deutschlands wurde auch weiterhin aufgelegt geschossen.

Scheibenbüchsen (egal ob Vorder- oder Hinterlader) hatten meist einen demontierbaren Diopter und oben auf dem Lauf eine Schiene, auf der ein offenes Visier (das Feldvisier) montiert werden konnte. Je nachdem, ob man auf Stand (175m) oder Feld (300m) schoss, wurde entweder der Diopter oder das Feldvisier genutzt. Eine aus drei Punkten bestehende Visierung war unzulässig, man zielte also entweder mit dem Diopter oder der offenen Visierung. Diopter und Feldvisier waren seitlich verstellbar, vor allem, um den auf offenen Ständen immer merkbaren Einfluss des Windes korrigieren zu können.

Bei vielen Scheibenbüchsen gab es zudem die Möglichkeit, die Form des Korns an die Schussentfernung und die Form der Scheiben anzupassen. Man verwendete Perlkorne beim Standschießen und Balkenkorne beim Feldschießen. Das war zweckmäßig, denn die Scheiben auf Stand waren rund, während auf Feld auf rechteckige, oben und unten abgerundete Scheiben geschossen wurde.

Es gab auch keine allgemein verbindlichen Scheibengrößen. Jeder Veranstalter eines Fest- oder Preisschießens legte fest, wie groß die Scheiben waren, auf welche Entfernungen geschossen wurde und welche besonderen Regeln für die einzelnen Scheiben galten.

Bevor man sich also vor 140 Jahren zu einem Preis- oder Festschießen aufmachte, las man zunächst die Einladung (die Schießordnung bzw. das Ladschreiben), aus dem alle wichtigen Details hervorgingen, d.h. auf welche Scheiben geschossen werden konnte, wie groß die Scheiben und wie sie gestaltet waren, auf

welcher Entfernung die Scheiben aufgestellt waren
und wie hoch die Startgelder (Einlagen) für jede der
Scheiben waren. Im Ladschreiben stand auch, ob
man eine Scheibe nur einmal beschießen durfte (was
bei Festscheiben die Regel war) oder zu welchem Preis
man Schüsse nachkaufen konnte.

Das bedeutendste deutschlandweit ausgeschriebene
Festschießen war das vom Deutschen Schützenbund
(in der Regel alle drei Jahre) veranstaltete „Deutsche
Bundesschießen". Wer an einem Bundesschießen
teilnehmen wollte, musste zusätzlich noch Mitglied im
Schützenbund sein. Sofern er über ausreichend freie
Zeit und genügend finanzielle Mittel verfügte, konnte
er dann ohne weitere Vorbedingungen teilnehmen

Als Beispiel für die Schießpraxis und die Abläufe auf
einem Deutschen Bundesschießen ist hier die
Schießordnung des 7. Bundesschießens 1881 in
München enthalten. Da aber längst nicht jeder
Schütze alle Abläufe genau kannte, gab es (zusätzlich
zur Schießordnung) auch noch Hinweise für die
Schützen, die hier ebenfalls enthalten sind.

Zusätzlich dazu gab es eine große Zahl regionaler
Fest- und Preisschießen, deren Ladschreiben in der
„Deutschen Schützen-und Wehrzeitung" veröffentlich
wurden.

Als Beispiel für die Ausschreibung eines eher regio-
nalen Wettkampfes ist hier das Ladschreiben zum 5.
Mecklenburgischen Landesschützenfest in Wismar
(Juli 1876) enthalten.

Erfahrungen und Betrachtungen eines alten Schützen

Artikelserie, Autor: W.L. Bechstein - „Deutsche Schützen- und Wehrzeitung", Jahrgang 1872, Nr. 9, 12, 14 und 15.

Es ist in diesen Blättern hin und wieder bemerkt worden, daß die Liebe und Lust zum Schießen in den einzelnen Vereinen, gegenüber der Mitgliederzahl, durchschnittlich eine Schwache ist, die Ursache hiervon mag wohl hauptsächlich daran liegen, daß den angehenden Schützen nicht genug mit Rath und That an die Hand gegangen wird, in Folge dessen dieselben bald die Lust verlieren und das Schießen ganz oder theilweise einstellen. Jeder Schütze will möglichst gut schießen, das aber ist nicht bloß durch Uebung zu erlernen, sondern es gehört dazu vor Allem eine gute Büchse, ohne welche der beste Schütze nichts machen kann.

Würden in den einzelnen Vereinen befähigte Männer sich der Mühe unterziehen, angehende Schützen in allem Möglichen zu unterrichten, was beim Schießen zu beachten ist, namentlich beim Ankauf einer Büchse deren Schußsicherheit genau erproben helfen, so würde dies sicher die Lust zum Schießen heben, die Zahl der activen Theilnehmer bedeutend vermehren, und so dem großen Ganzen nützen. Ich spreche aus Erfahrung, denn ich habe 30 Jahre lang einer Schützengesellschaft mit vorgestanden, habe seit 60 Jahren vom Blasrohrschießen an bis auf den heutigen Tag mit Liebe und Lust geschossen, so manche Erfahrung dabei gemacht, und verlange allerdings von einem tüchtigen Schützen mehr, als blos mit einer guten

Büchse zu schießen, denn dazu gehört weiter nichts, als ein gutes Auge, ruhiges Halten, und beim Abdrücken nicht wanken. Ein tüchtiger Schütze aber muß sich in allen vorkommenden Fällen zu helfen wissen, die Fehler seiner Büchse selbst auffinden und, wenn nöthig, dieselben dem Büchsenmacher zu deren Abhülfe angeben können.

Zweck dieser Zeilen kann es natürlich nicht sein, angehende Schützen sicher schießen zu lehren, dies erreicht man durch Uebung bei möglichst größter Ruhe, sondern bloß aufmerksam zu machen auf vorkommende Fälle beim Schießen, auf etwa vorhandene Mängel der Büchse, Winke zu geben, wie dieselben aufzufinden und zu beseitigen. Ich übergebe daher meine Erfahrungen und Ansichten im Nachstehenden der Oeffentlichkeit.

Innere Beschaffenheit des Rohres

Auf die Zahl der Züge kommt es nicht an, doch sollen dieselben nicht breiter als die Felder sein, etwas schmäler schadet nichts. Tiefe und eckige Züge sind nicht zu empfehlen, weil Kugel und Pflaster weder die Züge und noch weniger die Ecken ausfüllen können, in Folge dessen Pulvergase entweichen und die Triebkraft vermindert wird. Solche Büchsen schießen in der Regel zu Anfang kurz, dann etwas höher und erst dann auf einen Fleck, wenn der leere Raum mit Pulverschmutz ausgefüllt ist; ich ziehe deshalb seichte, einen flachen Bogen bildende Züge vor.

Züge und Felder müssen ganz rein sein, ohne irgend welche Vertiefung, oder bei Eisenrohren sichtbare Schweißnaht.

Rohre, welche irgend eine noch so kurze, enge oder weite Stelle haben, halten nicht genau Schuß. Um dies zu ermitteln, nehme man die Schwanzschraube heraus, stauche eine Bleikugel etwas zusammen, schlage diese mit einem Hammer in die Mündung des Rohres, so daß dieselbe die Züge vollständig ausfüllt, schiebe den Bleibolzen durch das Rohr, bestreiche ihn mit Oel, setze ihn dann wieder auf das Rohr und schiebe denselben einige Mal hin und her, ohne daß er jedoch das Rohr verlässt. Dabei fühlt man ganz deutlich, ob es Stellen giebt, wo man mehr Kraft anwenden muß, oder wo der Bolzen leichter geht. Bei den letzten 3 Zoll vor dem Schwanzschraubengewinde darf er etwas leichter gehen, jedoch nicht freiwillig herausfallen; an der Mündung aber muß der Bolzen stehen bleiben, d. h. nicht im Geringsten freiwillig zurückfallen. Eine Vorweite entsteht leicht dadurch, daß beim Schmirgeln des Rohres der Schmirgel an der Mündung, statt unten aufgetragen wird, oder auch durch längeren Gebrauch, namentlich durch das Reinigen der Büchse mit Holzstöcken.

Finden sich bei solchem Versuch enge oder weite Stellen, so müssen dieselben durch vorsichtiges, egales Schmirgeln durch das ganze Rohr durch entfernt werden.

Wenn nun aber die innere Beschaffenheit des Rohres ganz tadellos ist, so ist noch lange nicht die Folge, daß die Büchse schießen muß, es kömmt dabei zuvörderst noch in Frage:

Die Lage des Rohres im Schaft

Liegt das Rohr mit der unteren Fläche längs des Schaftes nicht überall auf, vielleicht nur da, wo die

Schieberhaften sind, so hält eine solche Büchse nicht genau Schuß, denn bei der Entzündung des Pulvers wird, durch den Widerstand der Kugel, das Rohr gewaltig erschüttert und findet in diesem Fall ein Fibriren des Rohres statt, wodurch eine Abweichung der Kugel vom richtigen Ziele entsteht.

Im Allgemeinen kann ein Schütze sich sofort, wenn seine Büchse mit Haken und Scheibe versehen ist, überzeugen, ob das Rohr fest liegt; man braucht nur das Korn mittelst des Diopters voll gestrichen in die Kimme zu stellen, nehme die Büchse oberhalb des Bügels in die Hand, poche mit dem Ballen [der Hand, Anm. des Herausgebers] auf das Ende des Kolben und sehe, ob das Korn noch genau so steht, wie vorher. Dann drehe man das Rohr nach unten und poche ebenfalls auf das hintere Ende des Kolbens; liegt das Rohr fest, so darf in beiden Fällen nicht mehr und weniger Korn in der Kimme stehen, als durch den Diopter zurvor eingestellt war; ist dies nicht der Fall, so liegt das Rohr im Schaft nicht fest.

Man ermittelt die Stellen nun dadurch, daß man die untere, mittlere Fläche des Rohrs mit dem Finger mit etwas Ruß und Oel bestreicht, vorsichtig in den Schaft legt, mit den Schiebern anzieht und wieder vorsichtig heraus nimmt; man sieht sowohl am Rohr als auch am Schaft, wo das Rohr nicht mit dem Schaft in Berührung gekommen ist.

Diesem Fehler hilft man dadurch ab, daß man die Scheibe vom Schaft entfernt, vorsichtig Holz wegnimmt, wo das Rohr angezeigt hat, dann die Schieberhaften etwas eintreibt, weil das Rohr um etwas tiefer zu liegen gekommen ist und so fort fährt bis dasselbe egal aufliegt, wobei die Schieber das Rohr straff anziehen müssen.

Da nun der Haken am Rohr etwas tiefer zu liegen gekommen ist, so muß man auch die Scheibe etwas tiefer einlassen, doch muß, wenn alles fertig, der angedeutete Versuch mit Oel und Ruß wiederholt werden. Ziehen die Schieber das Rohr fest an, paßt der Haken straff in die Scheibe, so habe ich die Ueberzeugung, daß der geringste Uebelstand vollständig beseitigt ist.

Bei Büchsen mit Kreuzschraube, d. h. ohne Haken und Scheibe, kommt es auch vor, daß nicht überall das Rohr im Schafte fest aufliegt. Hier kann man aber mit dem Diopter den Fehler nicht bemerken, weil so zu sagen das Gelenk, Haken und Scheibe, fehlt; man nimmt hier seine Zuflucht gleich zu Ruß und Oel, bestreicht damit das Rohr bis an das Ende der Schwanzschraube und verfährt auf gleiche Weise wie oben.

Sollte eine Büchse, so hergerichtet, dennoch nicht präcis Schuß halten, so kann die Ursache auch an der Form oder Stärke der Kugel, an dem Pflaster oder auch an dem Mißverhältniß zwischen Geschoß und Pulver liegen.

Die Form der Kugel

ist verschieden je nach dem Zweck der Büchse. Bei großem Caliber, womit man nicht auf 300m schießen kann, ist gewöhnlich die Kugel kurz, spitz, mit einer, höchsten 2 Ruden (Vertiefungen) versehen, um sowohl Blei zu ersparen, als auch eine möglichst flache Flugbahn zu bekommen und wird mit solchen Büchsen gewöhnlich nur aufgelegt geschossen.

Geschosse kleineren Calibers, worunter ich solche von 8½ bis 10½ mm Durchmesser rechne, sind oben kolbig, haben in der Regel 3 Ruden und genügt zum ganz sicheren Schuß derselben eine Länge, gleich dem zwei und ein halbfachen Durchmesser; bei Kugeln mit zwei Ruden ist die passendste Länge noch einmal so lang als der Durchmesser.

Es ist nicht gut, wenn

Die Kugel

ohne Pflaster straff in das Rohr passt; ich ziehe vor, wenn solche leicht in das Rohr geht; jedoch nicht durchfällt, denn bei solchem kleinen Caliber trägt auch ein schwaches Pflaster hinreichend bei, der Kugel einen sicheren Gang zu geben, außerdem kann man sich auch helfen mit etwas stärkeren Pflastern.

Die Kugeln müssen ganz glatt, ohne Faden, die Ringe vollständig ausgegossen sein; erstere bilden sich, wenn die Kugelform noch zu kalt, oder das Blei nicht heiß genug ist; letzteres ist oft nur dann vollständig zu beseitigen, wenn in jeder, den Ring der Kugel bildenden, oberen Ecke der Form eine Zwirnsfaden starke Vertiefung, etwas aufwärtsgehend, in beiden Backen eingefeilt wird, jedoch an dem einen Backen vorn, an dem anderen hinten, damit beide Vertiefungen nicht zusammen kommen, um dadurch auf beiden Seiten der in den Ecken etwa eingeschlossenen Luft Ausgang zu verschaffen, welche bewirkt, daß die Ringe öfters nicht vollständig ausgegossen sind.

Beim Gießen der Kugel muß das Blei, wenn auch nicht glühend, so doch so heiß sein, daß es eine blaue Haut bekommt; die ersten 6 bis 8 Kugeln fallen, weil die Form noch zu kalt ist, fadenrissig aus; diese schmelze man wieder ein. Den Gießlöffel, von Eisenblech, welcher 3 bis 4 Pfund Eisen fassen kann, nehme man nicht voll, dies erschwert das Gießen; das Blei läuft leicht über die Form und die Kugel geht schlecht heraus.

Fängt man nun an zu gießen, so setze man den Gießlöffel zur Unterstützung auf einen Mauerziegel, schiebe die Haut zurück und lasse durch Steigen des Ausgusses das Blei, ohne abzusetzen, in die Form laufen, öffne mit einer Hand dieselbe, poche die Kugel heraus und gieße so lange fort, bis das Blei anfängt, an dem Ausguß sitzen zu bleiben. Am besten fleckt das Gießen, wenn man zwei Gießlöffel aufstellt, weil man dann immerfort gießen kann und wer Uebung hat, bringt auf diese Art in einer Stunde 5 bis 6 Pfund Kugeln kleinen Calibers fertig. Das beste Brennmaterial hierzu sind Coaks und der passendste Ort ein Kamin.

Wenn durch rasches Gießen die Form zu heiß wird, so kühle man sie, ohne zu öffnen und ohne die Kugel heraus zu nehmen, durch einmaliges rasches Eintauchen in Wasser etwas ab.

Ist man mit dem Gießen fertig, so nehme man den Rückstand, Bleioxyd, und reducire ihn in der Weise, daß man dem glühend heiß gemachten Rückstand ein haselnußgroßes Stück Talg oder etwas altes Oel zusetzt, mit einem Eisen umrührt, das so gebildete Blei zu Kugeln vergießt und dies so lange wiederholt, als der Rückstand noch Blei liefert, auf diese Art gehen von 10 bis 12 Pfund Blei nur einige Loth verloren.

Der Vorgang hierbei ist folgender: Blei nimmt aus der Luft und namentlich im flüssigen Zustand leicht

Sauerstoff auf und bildet damit Bleioyd; setzt man diesem Kohlenstoff haltige Körper, wie namentlich Talg oder Oel, weil diese den porösen Rückstand leicht durchdringen, zu, so nimmt der Kohlenstoff den Sauerstoff des Oxyds auf, und bildet Kohlensäure; diese entweicht und reines Blei bleibt zurück.

Der Kugelknopf muß auf der Drehbank mit dem Support gedreht werden, damit alle Ringe ein und dieselbe Stärke bekommen, sonst würden sie nicht alle das Rohr berühren. Beim letzten Ausdrehen der Form lasse man dieselbe nicht in den Schraubstock spannen, solche Formen liefern oft etwas ovale Kugeln, weil man beim Gießen die Backen der Form nicht so fest zusammendrücken kann, wie dies der Schraubstock thut, wovon man sich leicht mittelst eines Stärkemessers überzeugen kann. Kugeln, aus solchen Formen gegossen, haben den Nachtheil, daß sie, wenn ihre breitern Seiten in die Züge kommen, sich leichter, und wenn sie auf die Felder treffen, sich schwerer laden, was hohe und kurze Schuß veranlaßt; daher vollende man das Ausdrehen, indem man die Form in der Hand hält.

Die Pflaster

seien genau so groß, daß sie alle Ringe, bei Kugeln mit 2 Ruden 3 Ringe, mit 3 Ruden 4 Ringe decken. Die Stärke der Leinewand richtet sich nach der Stärke der Kugel. Die Letztere muß sich, auch wenn viel aus der Büchse geschossen ist, immer noch leicht hinunterschieben und ehe sie ihren Standpunct erreicht, durch den etwa angesetzten Pulverschmutz leicht durchdrücken lassen.

Sehr zweckmäßig ist es, die Leinewand gut brühen und nach dem Trocknen plätten zu lassen; man entfernt dadurch die Schlichte und Appretur, sie nimmt dann besser den Talg oder das Oel auf und solche Pflaster fügen sich egaler um die Kugel.

Das Einschießen

resp. Anschießen einer neuen Büchse bewirke man bei möglichster Windstille zuerst auf nahe Distancen und zwar aufgelegt, um sich zu überzeugen, ob auch die Büchse genau Schuß hält.

Man thut wohl, gleichzeitig auf zwei Entfernungen, etwa auf 66 und 99 Meter, wozu man ungefähr 3 bis 4 Grad, oder circa 1½ Gramme Pulver nöthig haben wird, auf die weiteren Entfernungen nimmt man die Hälfte Pulver mehr, nach einem Schwarz von 10 bis 12 Cent. Durchmesser zu schießen, um sich zu überzeugen, ob auch die Visirkimme und das Korn genau über der Seelenlinie, dem Mittelpunct, des Rohres stehen, denn es kommt mitunter vor, daß eine Büchse auf die eine Entfernung richtig Fleck schießt, auf eine andere Entfernung aber nach rechts oder links und dies liegt daran, daß die Visirlinie neben der Seelenlinie des Rohres liegt, beide Linien aber auf die eine Entfernung zusammen treffen, auf eine weitere Distance sich jedoch kreuzen.

Um dies in Ordnung zu bringen, rücke man das Korn so, daß es genau den Mittelpunct des Rohres durchschneidet, dann poche man, wenn man seitlich schießt, das Visir dahin, wohin man schießen will, bis die Büchse auf beide Entfernungen genau Strich hält; gelingt dies mit der Visir allein nicht, dann steht das Korn noch nicht genau über dem Mittelpunct des

Rohres; in diesem Fall muß man dasselbe noch ein wenig dahin rücken, wohin man geschossen hat.

Hat man die Büchse auf zwei Distancen genau in eine Schußlinie gebracht, dann hält dieselbe auf alle Distancen Strich; man haue dann mit einem feinen Meisel Korn und Visir ein, um einen festen Anhaltspunct zu haben, im Fall man Korn oder Visir zu verrücken genöthigt ist.

Dieser Uebelstand mancher Büchse rührt daher, daß manche Rohre nicht gleiche Wandstärken haben, dann steht die Kimme zwar äußerlich auf der Mitte des Rohres, aber nicht lothrecht über dem Mittelpunct der Seel, was man nicht so, wie bei dem Korn, bemerken kann, deshalb rücke man beim Einschießen neuer Büchsen zuvörderst nur das Visir.

Man kann eine Büchse als Schuß haltend betrachten, vorausgesetzt, daß der Schütze gut und sicher schießt, wenn, aufgelegt auf obige nahe Distance alle Kugeln auf einen Fleck von circa 10 Cent. Durchmesser sitzen, wenn nicht, so hat die Büchse einen bereits früher angegebenen Fehler.

Man thut wohl, bei solchem Anschießen der Büchse gleichzeitig zu ermitteln, wieviel dieselbe Pulver verträgt, d. h. wie viel man nehmen kann, ohne den sicheren Schuß zu verlieren.

Ich habe bei drei meiner Büchsen von verschiedenem Caliber gefunden, daß sie nicht mehr als den fünften Theil der Schwere der Kugel Pulver vertragen; bei mehr Pulver lud sich nach mehreren Schüssen die Büchse strenger, namentlich bevor die Kugel ihren Standpunct erreichte und die Schüsse saßen nicht so genau beisammen; demnach glaube ich annehmen zu dürfen, daß die Schwere der Kugel die Menge des Pulvers bedingt, denn zu einer meiner Büchsen von $8^1/_3$ mm Durchmesser der Kugel, ließ ich mir zwei ganz gleiche Kugelformen machen, wovon die eine doppelt so lang, die andere zwei und ein halb Mal so lang als deren Durchmesser ist; die längere hält bei der eben angegebenen Menge Pulver ausgezeichnet Schuß, die kürzere, mit derselben Menge Pulver, weniger nehme ich jedoch auch bei dieser nur den fünften Theil der Kugelschwere Pulver, so schießt sie eben so sicher wie die längere.

Ein gleiches Verhältniß, 1:5, habe ich auch bei Chassepot-Patronen gefunden, nämlich 25 Gramme Schwere der Kugel und 25 Gramme Pulver und bei einer bayerischen Metallpatrone mit Mittelzünder bei 27 Gramme Kugelschwere jedoch nur 4 Gramme Pulver.

Schießt man mit der angedeuteten Menge Pulver eine Büchse an, so muß sich bei längerem Schießen dieselbe eben noch so leicht laden, wie nach den ersten Schüssen, hat sich unten Brand angesetzt, so daß man viel Kraft anwenden muß, damit die Kugel ihren Standpunct erreicht, so muß man weniger Pulver schießen; bei Büchsen, wo die Kugel nicht auf dem Pulver sitzt, setze man in diesem Fall einen feuchten Filzpfropf zwischen Pulver und Kugel, wodurch diesem Uebelstand öfters abgeholfen wird, wenn nicht, muß man auch hier Pulver abbrechen.

Man schieße aufgelegt auf 60 Meter Entfernung, um den sicheren Schuß der Büchse genauer beobachten zu können; es werden natürlich, je nach der Höhe des Visirs und Korns, alle Schuß über dem 10 Cent. großen Schwarz sitzen, dies kömmt aber hier nicht in

Betracht, sondern bloß welchen Kreis die Kugeln unter sich einnehmen; man lasse deshalb die Löcher in der Scheibe nicht gleich zumachen. Sitzen alle Kugeln in einem nicht größeren Kreis als das Schwarz ist, vorausgesetzt, daß der Schütze überzeugt ist, egal gehalten und ruhig gelegen zu haben; so verträgt die Büchse die angewendete Menge Pulver.

Der Bogenschuß

findet bei allen Schießwaffen statt, selbst bis zu den größten Kanonenkugeln; kein Schuß kann das richtige Ziel anders treffen als wenn die Kugel im Sinken ist.

Um zu ermitteln, wie weit eine Kugel, mit sehr viel Pulver geschossen, in gerader Richtung getragen wird, verfertigte ich mir vor vielen Jahren einen langen Zirkel, an dessen einem Ende ich eine Kugel, welche gerade die Mündung der Büchse ausfüllte, schraubte, das andere Ende bildete eine rechtwinklige Spitze. Die Kugel schob ich in den unteren Theil des Rohres bis unter das Visir, die Spitze setzte ich auf das Visir, stellte den Zirkel fest und verfertigte mir dann ein genau so hohes Korn, als nöthig war, daß die Zirkelspitze, die Kugel zur Mündung eingeschoben, auf dem Korne stand. Mit dieser Büchse geschossen und Pulver zugesetzt, bis sie fürchterlich stieß, habe ich die Kugel nicht weiter als auf 30 Schritt Entfernung in gerader Linie erhalten können. Es war dies eine große Standbüchse von einigen 20 Pfund Gewicht, zur Zeit der noch runden Kugeln, dieselbe wog 2 Loth.

Da nun stets, von der Seele des Rohres aus gemessen, das Korn niedriger als das Visir ist, so kann auch keine Kugel ihr Ziel anders erreichen, als wenn sie im Fallen begriffen ist; man nennt eine Büchse auf den Fleck eingeschossen, wenn man den Gegenstand trifft, wo man das Korn hingesetzt hat; dies ist der Moment, wo die Kugel zum zweiten Mal die Visirlinie durchschneiden will, denn da eben das Visir höher als das Korn ist, so liegt, wenn man auf einen Gegenstand zielt, das Rohr unten tiefer als an der Mündung, die Kugel durchschneidet demnach wenige Ellen vor der Mündung die Visirlinie, senkt sich, sowie die Kraft nachlässt, um sich in gerader Richtung zu erhalten und schlägt, im Bogen kommend, auf dem Zielpunct ein.

Bei Schießen auf kurze Entfernungen, z. B. auf 100 Schritt, braucht man in der Regel nicht so viel Pulver, als die Büchse verträgt, auf weitere Distancen setzt man Pulver zu; schießt man z. B. auf 100 Schritt 1½ Gramme, so wird man, bei gleichem Stand des Visirs, auf 150 Schritte 2¼ und auf 200 Schritt 3 Gramme Pulver brauchen; dies trifft aus dem Grunde ziemlich genau zu, weil, da die Kugel genau denselben Bogen macht, wie auf nähere Distancen, dieselbe durch den Pulverzusatz auch nicht länger Zeit braucht, ihr Ziel zu erreichen.

Je höher die Kugel den Bogen macht, desto weiter geht dieselbe, daher muß man auf Entfernungen, wo das Pulver nicht ausreicht, sich des Visirs bedienen. Man thut wohl, auch hier die Büchse erst aufgelegt einzuschießen und merke sich dann genau, wie viel man dasselbe gehoben hat, um später nicht erst Probe schießen zu müssen.

Das Reinigen der Büchse

geschieht am besten mittelst zweier Putzstöcke von starkem Messingdraht, mit einem Laufer von Horn versehen, um die Züge gegen Berührung mit dem Messing zu schützen, oben mit einem pilzförmigen Holzgriff, unten etwas aufgehauen, um dem Werch Halt zu geben; den einen behält man stets zum nassen Reinigen, den anderen zum Trocken-Reiben.

Um die Büchse gründlich zu reinigen, nehme man das Rohr aus dem Schaft, schraube den Zündstift ab, stelle das Rohr in ein Holzgefäß mit etwas lauwarmem Wasser und ziehe, mit dem zuvor angefeuchteten Werch am Putzstock, denselben auf und ab, doch so, daß das Werch immer in den Zügen geht und, indem man mit der anderen Hand das Rohr hält, hält man gleichzeitig den Laufer auf der Mündung fest, dann trockne man das Rohr gut ab, schraube, wer es haben kann, dasselbe, mit Filz umgeben, den Zündcanal nach unten, damit das Wasser ablaufen kann, in einen Schraubestock, nehme den zweiten Putzstock und reibe, mit der anderen Hand den Laufer auf der Mündung haltend, das Rohr ganz trocken, indem man das feuchte Werch so lange entfernt, bis dasselbe ganz trocken bleibt, immer das Werch in den Zügen gehen lassend, bis das Rohr beim Visir fühlbar warm wird; dann gebe man dem Werch etwas Oel, ziehe den Putzstock noch einige Male auf und ab und reibe das Rohr mit einem Oelläppchen ab; ein so rein gemachtes Rohr ist auf Jahre hinaus vor Rostanflug geschützt.

Der Zündstift wird feucht abgerieben, innerlich durch eine feuchte Feder gereinigt, trocken gerieben, mit dem Oelläppchen übergangen; der Pulverschmutz vom Schaft und Schloß abgerieben und dieses, sowie der ganze Schaft mit dem Oelläppchen übergangen, wodurch derselbe immer ein neues Ansehen behält.

Wer keinen Schraubstock hat, muß das Rohr zum Trocken-Reiben auf den Fußboden stemmen, was etwas beschwerlicher ist; als Oel für das Rohr, Schloß und Stecher nehme man nur bestes Klauenfett, jedes andere Oel wird in längerer oder kürzerer Zeit pichig.

Viele Schützen reinigen ihre Büchse auf, so zu sagen trockenem Wege, indem sie dem Werch am Putzstock etwas Oel geben,das schmutzige so lange neues ersetzen, bis dasselbe rein bleibt; für das Rohr mag dies auch genügen, wenn der Putzstock die Züge vollständig ausfüllt, aber in der Pulverkammer und dem Zündcanal bleibt immer noch Schmutz und da dieser, namentlich bei Nassenbrand, sehr leicht Feuchtigkeit anzieht, wodurch sich Schwefelwasserstoffgas bildet, welches der Politur aller Metalle schadet, so muß auch das Rohr darunter leiden. Wer seine Büchse lieb hat, mache sie auf nassem Wege rein; man bekommt darin bald eine Uebung, daß man nicht länger als eine halbe Stunde dazu braucht.

In neuerer Zeit werden mehrseitig Anstrengungen gemacht, dem

Rücklader

bei Schützenfesten mehr Rechte einzuräumen, als dem Vorderlader, ja womöglich denselben für die Folge beim Bunde als allein zulässige Waffe aufzustellen. Abgesehen davon, ob es gelingt, dem Rücklader gleiche Treffsicherheit zu geben, als der Vorderlader besitzt, so würde mit einem solchen Beschluß doch dem Ganzen sicher wenig gedient sein, denn es haben nicht wenige Schützen ihren Vorderlader zu lieb, um ihn bei Seite zu stellen und bei Vergnügungen, welche einem jeden sein Geld kosten, dürfte ein derartiger Zwang nicht am rechten Orte sein.

So viel ich zu bemerken Gelegenheit gehabt habe, sind die Kugeln der Rücklader bolzenförmig, ohne Ruden, das Blei hat demnach sehr viel Friktion auf den Feldern, wodurch das Rohr, da Blei das schmierigste Metall ist, sehr bald verbleit. Wenn nun die Kugel beim Abschießen nicht das Rohr vom vorherigen Schmutze reinigt, was ich, bei der Weichheit des Bleies und der Trockenheit des Pulverrückstandes bezweifle, so kann auch die Kugel nicht glatt durch das Rohr gehen, wodurch ein Abweichen vom richtigen Ziel entsteht, denn mir ist es vielfach vorgekommen, daß Rohre, welche innerlich an manchen Stellen matte Flecke bekommen hatten, die gepflasterten Kugeln nicht mehr so sicher schossen, als vordem, und erst durch Schmiergeln wieder Schuß hielten.

Die bayrischen Militairpatronen mit Metallhülsen haben zwischen Pulver und Kugel einen getalgten Filzpfropf; ich halte dies für sehr zweckmäßig, denn der Talg macht den im Rohr befindlichen Brand weich, der Filz, welcher durch die Pulvergase scharf in die Züge gedrückt wird, läßt keine Gase durch und nimmt gleichzeitig den Schmutz mit fort.

In den vierziger Jahren, wo die Spitzkugeln aufkamen und in der Schwanzschraube ein Dorn zum Aufsetzen und Ausdehnen der Kugel befindlich war, wurde getalgte Baumwolle statt der Pflaster in die Rud der Kugel gewickelt, später wurden jedoch, wegen des Verbleiens der Rohre, Pflaster genommen.

Damals ließ ich mir ein Rohr herrichten mit Zahnrad ähnlichen Zügen, damit die Kugel nur auf diesen schmalen Kanten ging, goß mir Kugeln, bestehend aus 15 Theilen Blei und 1 Theil feinen Zinn, wodurch das Blei, ohne daß dasselbe bedeutend härter wurde, sein schmieriges Wesen verlor und habe ich mit dieser Büchse, natürlich ohne Pflaster, in die Rud der Kugel blos Talg gestrichen, ganz ausgezeichnet geschossen; wäre ich jünger, so würde ich mir ein derartiges Rohr als Rücklader herrichten lassen, und solche Kugeln, zwischen Pulver und Kugel einen getalgten Filzpfropf gelegt, schießen.

Sollte der Rücklader jedoch nach einem solchen Versuch noch nicht dasselbe leisten wie der beste Vorderlader, so dürfte es sich noch der Mühe verlohnen, die unten beschriebenen Kreuzpflaster in der Weise in Anwendung zu bringen, daß man sich eine Kugel, wie beim Vorderlader mit Pflaster gebräuchlich, machen läßt, jedoch da, wo die Kugel anfängt, schwächer zu werden, folglich nicht mehr das Rohr berührt, noch eine schmale Rud anbringt, mit unten beschriebenem Kreuzpflaster die Kugel genau umgiebt, dessen Enden mittelst Zwirn in die oben erwähnte Rud befestigt, und dann ebenfalls mit getalgten Filzpröpfen schießt. Sollte zu befürchten sein, daß im Sommer die obere Schicht Pulver etwas Talg aufnimmt, so braucht man bloß zwischen dem Pulver und dem Filz eine Scheibe Wachspapier, welches man in jeder Apotheke bekommt, zu legen; der eine oder andere Versuch dürfte wohl zu einem günstigen Resultat führen.

Obgleich alle meine Büchsen, die ich früher besessen und noch besitze, die größte Treffsicherheit haben, so bin ich insofern doch immer noch nicht ganz

zufrieden gewesen, als auf 100 Schritt Entfernung,
bei einem Schwarz von 5 Zoll, circa 12 Cent., aufgelegt zwar alle Kugeln dasselbe trafen, jedoch nicht alle
in der Mitte saßen. Um zu ermitteln, ob dies an mir
läge, ließ ich mir eine Maschine bauen, wo das Gewehr fest eingeschraubt und gerichtet werden konnte,
in der Mitte dieser Maschine hängte ich zu deren Be-
schwerung einen Centner. Mit derselben geschossen,
erhielt ich jedoch auch kein besseres Resultat, obgleich das Korn nach dem Schuß noch auf den Gegenstand hielt, wie vor demselben; ein etwaiges
Schiefsitzen der Spitze der Kugel im Rohre, was solch
kleine Abweichungen hervorbringen könnte, kann bei
mir insofern nicht vorkommen, als alle meine Lade-
stöcke von Stahl, dieselben auf der Drehbank
centriert, die Kugelführung ausgefräßt und dieselbe
so wie das dahinter befindliche Führungshorn, mit
einander abgedreht sind; auch der am Ladestock befindliche Laufer beim Laden denselben steht in der
Mitte hält.

Bedenkt man aber, daß der äußere Kreis der Pflaster
ein weit größerer ist, als der untere um die Kugel
herum beträgt, so muß man sich sagen, daß nach
oben zu das Pflaster Falten bildet, demnach dreifach
liegen muß; wenn man auch annehmen kann, daß
diese Falten sich hauptsächlich in die Züge einpres-
sen, so können doch hin und wieder kleine sich auch
auf den Feldern bilden, in Folge dessen dann die Kugel, wenn auch nur wenig, etwas einseitig sitzen
kann; außerdem findet bei längerem Schießen, in
Folge des größeren Schmutzes in den Zügen, durch
die Falten ein schwereres Laden statt, namentlich bei
denen, welche Pflaster von der Größe, daß genau alle
Ringe, so weit die Kugel ohne Pflaster das Rohr be-

rührt, schießen. Es mag dies wohl auch der Grund sein, daß im Allgemeinen weit kleinere Pflaster genommen werden, als die Kugel bedarf, um nicht das Rohr zu berühren.

Um zu ermitteln, wie viel sich von diesen Pflastern in Falten legen muß, nahm ich das eine meiner Gewehre mit einer Kugel von $9^1/_3$ mm Durchmesser, wozu ich, 3 Ruden mit 4 Ringen, ein Pflaster von 23mm Durchmesser schieße und fand, daß der Kreis der Kugel 30mm, der äußere Kreis des Pflasters aber 70mm betrug, ein Verhältniß wie 3:7 und muß demnach der obere Theil der Kugel weit fester im Rohre sitzen, als der untere, wodurch kleine Abweichungen der Kugel beim Schießen entstehen können.

Diesem Uebelstand, wenn möglich, zu beseitigen, kam ich im vorigen Spätherbst auf die Idee, die überflüssige Leinewand zu entfernen, so daß die Kugel mit Pflaster, ohne Falten bilden zu können, genau umgeben ist. Mit solchen Pflastern geschossen habe ich endlich das erlangt, wornach ich schon so lange gestrebt habe, nämlich einen so kleinen Gegenstand, als ich noch fast auf das Korn nehmen kann, sicher zu treffen; auf 100 Schritt aufgelegt, bin ich nicht aus einem Kreis von 7 Cent, herausgekommen.

Um die Figur dieses Pflasters, ich will sie

Kreuzpflaster

nennen, darzustellen, zieht man auf Papier zwei Kreise, der innere Körper 1½ bis 2 mm im Durchmesser größer als die Kugel, den äußeren so groß, als das Pflaster nöthig ist, um alle Ringe zu drehen. Der äußere Kreis wird genau in vier Theile geteilt, ein Kreuz durchgezogen, dann, wo dieses Kreuz den inneren

Kreis durchschneidet, dann, wo dieses Kreuz den inneren Kreis durchschneidet, von Viertel zu Viertel eine Linie gezogen, vier solcher Linien bilden das Kreuz. Die Figur ist richtig, wenn alle Enden des Kreuzes ganz egal breit sind, wenn nicht, so hat man den äußeren Kreis nicht ganz genau abgetheilt, oder die Linien nicht genau genug gezogen; wer nicht feine Zirkel hat, thut wohl, sich die Figur von einem Sachverständigen aufzeichnen zu lassen. Man nimmt dann dünnes Weißblech, erwärmt es etwas, bestreicht es mit sehr wenig Wachs, worauf man diese Figur, ohne zuvor die Ecken auszuschneiden, und dann mit einer Schere ausschneidet.

Der Körper des Pflasters muß deshalb im Durchmesser 1½ bis 2mm, je nach der Zahl und Breite der Züge größer sein als die Kugel, weil in den Zügen das Pflaster nicht an der Kugel fest anliegt, sondern einen Bogen bildet.

Hat man kein passendes Ausschlageisen, so nimmt man ein genau so großes Geldstück und schneidet die getalgten Pflaster rund; auf 2, höchstens 3 solcher Doppelpflaster legt man die Figur und schneidet mit einem scharfen Federmesser die Ecken aus; als Unterlage nimmt man Lindenholz oder Blei.

Man versucht nun, ob die Kugel genau mit Pflaster umgeben ist, indem man ein Pflaster auf die Mündung der Büchse legt und die Kugel so weit hineinschiebt, daß man dieselbe wieder mit einer Zange heraus ziehen kann; sollte die Kugel noch nicht überall mit Pflaster umgeben sein, so muß der Körper des Pflasters noch ½ mm größer werden.

Hat man sich, mit diesen Pflastern geschossen, überzeugt, daß die Büchse genauer und egaler schießt, als wie mit den gewöhnlichen, dann läßt man sich ein ganz genau passendes Ausschlageisen machen. An Lademaschinen, wo das Pflaster hinein gelegt wird, läßt man sich, wenn solche nach oben angegebener Größe nicht hinein gehen, für die vier Kreuzbänder Messing herausnehmen.

Zum Schluß will ich noch bemerken, daß im Allgemeinen angenommen wird, daß Rücklader weiter tragen als Vorderlader, gegenseitige Versuche habe ich nicht angestellt. Sollte dies wirklich der Fall sein, so wäre die Ursache nur darin zu suchen, daß die Kugel der Rücklader ohne Pflaster, in Folge des Einpressens des Bleies in die Züge sowohl als auch in Folge des Schmutzes im Rohr, den Pulvergasen weit mehr Widerstand leisten, als gepflasterte Kugeln, demnach die Gase mehr Druck ausüben müssen, dieselbe fortzubewegen, denn die weit tragendsten Militairgewehre schießen, wie schon ausgeführt, nicht über $1/5$ der Schwere der Kugel Pulver, was man auch bei einem Vorderlader, ohne dem sicheren Schuß zu schaden, schießen kann.

Um zu beweisen, daß Rücklader weiter tragen, müßte man einen Rück- und Vorderlader nehmen, welche gleich starke und schwere Kugeln schießen, beide mit ein und derselben Menge Pulver auf z. B. 175 Meter Entfernung genau einschießen und sehen, welche der Büchsen die niedrigste Flugbahn hat, und zwar in der Weise, daß man in der Schußlinie bei 175m Entfernung vielleicht 3 Paar Stangen in gewissen Zwischenräumen, oben jede mit einem Ring versehen, aufstellt, woran man Bogen Papier, Roleaux ähnlich, mittelst Schnüren durch die Ringe so weit in die Höhe zieht, daß dieselben, vom Schießstand aus gesehen, unter sich unten egal abschneiden und auf den äußersten Stand des Schwarzen auf der Scheibe oben aufsitzen; mit beiden Büchsen, genau egal gehalten und geschossen, zeigen die Löcher in den aufgestellten Bogen Papier deren Bogen an und trägt natürlich die Büchse, welche den niedrigsten Bogen macht, weiter.

Die Stangen setze man von der Scheibe aus in Entfernungen von 30 Meter, denn vom Schießstand aus kann, bis zur Mitte des Weges, die Kugel noch nicht ihren höchsten Punct erreicht haben.

Endlich muß ich noch bemerken, daß eigentlich alle unsere Kugeln nicht richtig gebaut sind, bloß die preußischen Zündnadelkugeln machen eine Ausnahme, denn mißt man die Mitte der Länge der Kugel, welche ihre Axe bildet, ab und legt diese auf z. B. einen Messerrücken, so ist der Schwerpunkt hinten. Da nun aber alle Körper, so lange nicht besondere Kräfte ihnen entgegenstehen, mit ihrem schweren Theil stets voran gehen, so werden auch, namentlich auf weite Entfernungen, sich die Kugeln wenden, wenigstens der hintere Theil sich senken, demnach von ihrem richtigen Ziel abweichen und in Folge dessen mehr oder weniger ovale Löcher in der Scheibe erzeugen, je nachdem die Triebkraft abnimmt.

In der nächsten Zeit werde ich Versuche machen, Kugeln herzustellen, deren Schwerpunkt über ihre Axe, dem Mittelpunct der Kugel, nach vorn liegt, denn solche Kugeln müssen weit egaler ziehen, demnach sicherer gehen, und werde ich deren Ergebnisse s. Z. in diesem Blatte mittheilen.

Altenburg i. S.   W.L. Bechstein

Fabriklager

in

Metall - Patronen - Hülsen

für Centralzündung mit massiven Böden

von

Fr. Kutscher in Stuttgart, Alexanderstrasse 7½.

Deutschen Schützen- und Wehrzeitung, 1878 Nr. 25

Ausser meinem Depot von Einheit-Hülsen empfehle ich noch 9 Sorten der gangbarsten Hülsen von gleich guter Beschaffenheit in neu angefertigter fehlerfreier Waare.

Meine werthen Abnehmer mache ich besonders darauf aufmerksam, dass ich nur Hülsen erster Qualität führe, welche sich sowohl durch ausserordentliche Dauerhaftigkeit wie auch durch billigst gestellte Preise auszeichnen, und sich daher raschen Eingang bei allen grösseren Waffengeschäften verschafft haben. Probesendungen nebst Preisverzeichniss werden auf Verlangen portofrei zugesandt.

Ueber Gewehrtechnik, insbesondere Hinterladungs-System

Artikelserie, Autor: Sterzing - „Deutsche Schützen- und Wehrzeitung", Jahrgang 1873, Nr. 29 und 30

Hinterladungsgewehre gab es schon lange, sowohl für den Jagd-, sowie auch für den Militairgebauch. Schon vor dem Radschlosse, bei Führung des Luntenschlosses, wurden revolverartige Hinterladungsgewehre, wie heute noch solche in Nürnberg aufbewahrt sind, gefertigt.

Das Petersburger Zeughaus weist eine ähnliche Kanone auf, welche wohl an 200 Jahre alt sein dürfte. Wenn nun auch die Mechanik in jener Zeit sinnreiche Constructionen für Hinterladungsgewehre schuf. So hielt die Chemie nicht gleichen Schritt, und man schuf aus einem einfachen Gewehr, welches mit Rad- oder Feuerschloß bei nasser Witterung einmal versagen konnte, ein Gewehr, welches je nach Construction 5-6 mal versagen konnte. Außer diesen Mängeln trat der neue Fehler hervor, daß die Trefffähigkeit bei dem schlechten Pulver jener Zeit, durch Hinterladung vollends gestört wurde, und so kam es, daß alle Hinterlader älterer Zeit der Vergessenheit anheimfielen, oder wenigstens keine größere Verbreitung fanden.

Trotz aller dieser Mängel war die Grundidee für Hinterladungsgewehre niedergelegt. Die Mechanik wie Chemie hielten, besonders in unserem Jahrhundert, gleichmäßig festen und raschen Schritt, so daß es möglich ward, erwähnte Gewehre zu schaffen, denen man die Eigenschaft der Vollkommenheit beilegen

dürfte. Die Trefffähigkeit, welche bisher mangelte,
und der Einführung solcher Gewehre zum Scheibenschießen ein Hinderniß setzte, ist durch verbessertes
Pulver etc. bis zu einer Vollkommenheit gediehen,
daß sie dem Vorderlader nicht nur gleichkömmt, sondern bei windigem Wetter ihn sogar übertrifft.

Werfen wir einen Blick auf das vor circa 36 Jahren
aufgetauchte Zündnadelgewehr. Eine wesentliche
Verbesserung der Schußwaffe kam zum Vorschein.
Vor Allem ein Gewehr, welches nicht durch Witte-
rungseinflüsse litt, wie das Feuerschloß, und durch
die bequeme Art, von hinten zu laden, bei Kälte besser zu handhaben war wie das Perkussionsgewehr
mit dem kleinen Zündhütchen und Ladstock.

In den Kriegen von 1866 und 1870 feierte das Zündnadelgewehr seinen Triumph. Die Vortheile der Hinterladung traten in eclatanter Weise hervor, allein es
gab ihm auch den Todesstoß, denn bald fanden sich
viele Erfinder, die alle bemüht waren, das Zündnadelgewehr zu übertreffen.

Die Militair-Commissionen beschäftigten sich eifrig
mit Prüfungen der erfundenen Gewehre. Doch sehr
bald ergab sich, daß vorher noch eine viel wichtigere
Frage zu lösen sei, nämlich die Patronenfrage.

Diese Frage fand ihre Lösung in der Metallpatrone,
indem festgestellt wurde: die Patrone ist mit ihren
chemischen Bestandtheilen frei gegen jeden Witte-
rungseinfluß, am geeignetsten zum Transport und
schließlich durch den häufigen Gebrauch einer einzigen Hülse, welche sogar 80-90 Schuß aushält, die
billigste.

Erst nach Vereinigung dieser Frage konnte man Grundprincipien über Systeme aufstellen. Mögen manche Staaten aus Sonderinteresse nicht auf's gewissenhafteste bei der Wahl der Systeme gehandelt haben, so sind doch die aufgestellten Principien, welche in's Auge gefaßt werden sollten, richtig und es dürfte ebenfalls im Interesse der Schützen liegen, denselben zu folgen, um sich einen Kennerblick bei der Wahl der Büchsen zu erwerben.

Die Grundprincipien waren:

Einfachheit des Mechanismus;

Kräftige, unzerbrechliche, nicht leicht verlierbare Theile;

Sichere Extractionskraft für die Patrone;

Sichere Schlagkraft, womöglich keine Spiralfedern, und zwar in der Weise construiert, daß sich die Feder beim Tragen des Gewehres nicht im gespannten Zustande befindet;

Bequeme Ein- und Ausführung der Patrone, ohne den Schützen oder Nebenmann zu verletzen.

Ferner soll der Mechanismus leicht zerlegbar, nicht verletzbar bei Regen etc. und schließlich derart construirt sein, daß selbst beim Brechen oder bei Abnutzung eines Theils der Soldat sich nicht selbst verletzen kann.

Wie schon erwähnt, tauchten seit 1866 viele Erfindungen auf. Vieles Erfundene wurde noch einmal erfunden; eine Masse Leute wurde Ideenschwanger ohne feste Grundlagen zu haben, kurz, es ging fast bis ins Lächerliche, was überall erfunden wurde. Es wurden beim königl. Handelsministerium in Berlin allein gegen 80 Gesuche um Patentantrag eingereicht, leider konnte dasselbe nur einige Systeme, wie Peabody, Werder oder Stahl patentiren und mußte die Uebrigen, oft mit Bedauern über die unglückliche Idee, abweisen.

In gleicher Weise wurde die Handfeuerwaffen-Prüfungs-Commission mit Erfindungen überschüttet. Wohl über 200 Exemplare wurden eingereicht, jedoch die meisten nach bloßem Ansehen oder auch nach ersten Versuchen retourirt, und nur mit den Systemen Werder, Martini, Stahl Mauser wurden eingehende Versuche veranstaltet. Schließlich entschied man sich für das letztere, obgleich dasselbe in keiner Eigenschaft sich besser bewährte als die Systeme der übrigen Concurrenten, ja sogar das Hülsensystem wegen Flächenreibung eine viel schlechtere mechanische Figur bildet, und zwar aus dem Grunde, weil es mehr zu seinem Vorgänger, dem Zündnadelgewehr, paßt, d. h. es können die, dem Staate eigenen Fabriken und Maschinen wie auch die vorhandenen Arbeitskräfte wieder benutzt werden, während die übrigen erwähnten Systeme flache Arbeit mit sich führen und hiezu andere Fabrikeinrichtungen und geübtere Kräfte erfordern.

Der Zweck unserer heutigen Aufstellung ist nicht, dieses Verfahren zu prüfen oder zu tadeln, sondern ein, für Scheibenschützen geeignetes Gewehr neuester Zeit vorzuführen und von sachkundiger Hand zu sehen, mit welch hohem Grade es nicht nur den militairischen Anforderungen, sondern auch hauptsächlich dem Zweck des Scheibenschießens entspricht, denn nicht Ansichten des Laien, sondern nur auf wissenschaftlichem Felde erworbene oder aufgestellte Grundprincipien können hier maßgebend erscheinen.

Es ist dies die vor kurzer Zeit von dem Gewehrfabrikanten Herrn R. Stahl in Suhl aufgestellte Scheibenbüchse. (Patent).

Der Mechanismus hat eine nur denkbare Einfachheit erreicht.

Der aktive Mechanismus besitzt bei den vielen Functionen, die an einen Hinterlader gestellt werden, als:

1. Oeffnen des Verschlusses,
2. Einführung der Patrone,
3. Spannung der Schlagkraft,
4. Auswerfen der Patrone,
5. Verschließung des Patronenlager und
6. Abgabe des Schusses

nur vier feste Theile und zwei Federn, welche kräftig und unverlierbar sind.

Die Extraktion geschieht durch Handkraft und kann bis auf 210 lb[1] gesteigert werden, je nach Bedürfniß, wodurch selbst geblähte oder gesprungene Patronen spielend ausgeworfen werden.

Ebenso geschieht mit großem Nachdruck des Mechanismus die Einführung der Patrone, eine geblähte Patrone geht fast ebenso hinein wie eine neue, eine Matrize für geblähte Patronen, wie sie bisher angewendet wurde, fällt vollkommen weg, indem durch die Kraft des Systems selbst die Matrize, sammt Hebel vertreten ist. Bis 90 mal wurde eine einzige Patrone

---

[1] Im Originaltext so verwendete Abkürzung für das Wort „Pfund", lateinisch „libra"

gebraucht, ohne daß dem Mechanismus diese Blä-
hung der Patrone fühlbar geworden wäre.

Ebenso sicher ist die Schlagkraft für den Schlagbolzen. Dieselbe ist hergestellt durch ein eigens hierzu
gefertigtes, fast unzerbrechliches Federmaterial. Die
Feder selbst kann im geladenen Zustande des Gewehres außer Spannung gesetzt, und getragen werden;
sie bildet eine flache Figur und ist unverwüstlich.

Bequem ist die Ein-und Ausführung der Patrone.
Dieselbe geht, ganz abweichend von allen bisherigen
Blocksystemen, nach der Seite; es liegt hierbei ganz
in dem Willen des Schützen, ob er die Patrone heraus
schnellen will, daß sie nach der Seite zu seinen Fü-
ßen fällt, z. B. bei Schnellfeuer, oder ob er sie nur so
weit zurückziehen will, daß er sie äußerst bequem
vom Verschlußblock mit der Hand abnehmen kann.

Der Mechanismus hat den höchsten Grad von Zerlegbarkeit erreicht. Es ist hierzu kein Instrument
nöthig, sondern durch einen Druck auf einen mit einer Feder versehenen Stift und Umdrehung einer
Schraube mit der Hand, geht der Verschlußblock und
Bügel heraus, die einzelnen vier Theile und zwei Federn werden ebenfalls mit der Hand abgenommen
und wieder zusammengesetzt. Zerlegen und Zusam-
mensetzen geschieht in 20 Secunden. Aeußerst bequem ist die Reinigung. Das Rohr kann von hinten
und vorne gewischt werden, ohne daß es vom Schafte
getrennt wird.

Besonders hervorzuheben ist noch die Sicherheit,
welche bei allen allenfalsiger Abnutzung eines Theiles
im System selbst liegt. So lange das Gewehr nicht
vollkommen geschlossen ist, kann bei Abnutzung o-
der beim Brechen eines Theiles der Schlagbolzen nie

die Zündung erreichen, folglich nie, wie beim Hülsensystem, der Schütze sich selbst verletzen.

Wir haben nun, unterstützt von fachkundiger Hand, eine Büchse vorgeführt, welche mit Recht das Zukunftsgewehr genannt werden kann. Es ist ebenso vorzüglich im Schießen wie in der Mechanik, eine größere Einfachheit und Dauerhaftigkeit ist nicht denkbar. Es hat diese Anerkennung bei den technischen Behörden Preußens und anderer Staaten gefunden und wurde mit Patenten belohnt, wobei ausdrücklich zu bemerken ist, daß Preußen die Patente zwar unentgeltlich, aber nur auf solche Erfindungen giebt, welche nicht nur neu, sondern auch hauptsächlich besser als die bestehenden sind.

Möge dem Erfinder auch gleiche Anerkennung bei den Schützen zu Theil werden.

Nachschrift: Das vorstehend beschriebene System kann aus voller Ueberzeugung angelegentlich empfohlen werden. Auf den ersten Blick erkennt man, daß eine einfachere und schönere Einrichtung kaum gedacht werden kann. Bei einer kürzlich vorgenommenen Schießprobe hat sich das Gewehr in Bezug auf leichte und bequeme Handhabung vortrefflich bewährt. – Ich schwärme bekanntlich nicht für Hinterlader beim Scheibenschießen, wenn irgendein System mich bestimmen könnte, mit Hinterlader nach der Scheibe zu schießen, so wäre es das von Stahl. Dass Gewehr beschreibt der Fabrikant wie nachstehend. Aufmerksam ist darauf zu machen, daß, wer links schießt, dies bei der Bestellung besonders erwähnen muß, da der Hebel an der rechten Seite des Schaftes liegt und das Anschlagen an den linken Backen verhindert.

Ich theile auch eine Correspondenz aus Rostock über das fragliche Gewehr mit.

Sterzing

Hinterladungs-System Stahl

Handhabung. Das Gewehr wird geöffnet, indem man mit dem Zeige- und Mittelfinger von unten in das hintere gebogene Ende der Falle fährt und die Falle rasch in die Höhe zieht, soweit es deren Bewegung gestattet. Hierauf wird die Patrone eingeschoben und das hintere Ende der Falle mit dem Ballen der rechten Hand niedergedrückt, bis solches in der Raste laut eintritt.

Bei einiger Uebung geschieht das Oeffnen während man das Gewehr herabnimmt und das Schließen, während man dasselbe hinaufbringt.

Entladung. Soll, nachdem in das Gewehr die Patrone eingeschoben und geschlossen ist, wieder entladen werden, so hebt man den Hebel mit den ersten zwei Fingern und dem Daumen langsam in die Höhe, soweit es dessen Bewegung gestattet und nimmt dann die Patrone mit Hand hinweg.

Sicherheit. Die Sicherheit des Gewehres besteht darin, daß man dasselbe außer Spannung setzt. Dies geschieht, nachdem die Patrone eingeschoben ist, dadurch, daß man den Abzug anzieht, und dabei mit dem Daumen die Falle niederdrückt und vollends schließt.

Sollte das Gewehr schon geschlossen und gespannt sein, so hebt man die Falle langsam in die Höhe, zieht den Abzug zurück, drückt hierbei, wie erwähnt, mit dem Daumen die Falle nieder und schließt sie vollends. Soll das Gewehr wieder gespannt werden, so hebt man die Falle soweit langsam in die Höhe, bis die Stange eintritt und schließt sie wieder.

Zerlegung. Das Gewehr wird geöffnet.

Der Stift, welcher die Falle und den Systemkasten bindet, wird mit der linken Hand herausgenommen, indem man hiebei mit der rechten Hand auf den Kopf der Stiftfeder drückt. Die Falle wird entfernt, die Bügelschraube ausgeschraubt, und der Bügel sammt dem Stecherkasten nach unten herausgezogen. Alle übrigen Theile werden ebenfalls mit der Hand abgenommen.

Umgedreht wird zusammengesetzt, nur muß man hiebei mit dem Zeigefinger der linken Hand durch den Systemkasten fahren und den Extractor niederdrücken.

Besondere Vorzüge des Systems sind:

Daß die Falle nicht erst durch andere Vermittlungstheile in Bewegung gesetzt, sondern mit dem Hebel aus einem Stück und hiedurch in directer Verbindung mit der Hand steht, wodurch jede Kraft geboten ist, auch die fehlerhafteste Patrone heraus und hinein zu bringen.

Die Einfachheit. Dieses System hat die wenigsten und dauerhaftesten Theile unter allen Blocksystemen.

Die Zerlegbarkeit ohne Instrumente und die Ein- und Ausführung der Patrone nach der Seite.

Die Munition

Die Metallpatrone hat eine solche Vollkommenheit erreicht, daß 70-80 Schüsse aus einer gemacht werden können. Die Zündung wird stets durch ein anderes Zündhütchen erneuert, welches durch eine hiezu construirte Zange eingesetzt wird. Dieselbe Zange entfernt auch vorher das verbrauchte Zündhütchen.

Um schon gebrauchte Patronen, welche nicht gleich oder in den nächsten Tagen wieder geladen werden, von Oxyd frei zu halten, entfernt man das verbrauchte Zündhütchen und legt die Patrone in Wasser, wo sie lange Zeit liegen kann. Vor dem Wiederladen wird solche bei mäßiger Wärme am Ofen oder Herde getrocknet, mit neuen Zündhütchen versehen und wieder geladen.

Zum Einfetten der Geschosse nehme man 6 Theile ungesalzenen Talg und ein Theil gelbes Wachs. Beides läßt man bei gelinder Wärme flüssig werden, taucht die Runte der Geschosse hinein, bis solche gefüllt sind und schiebt sie in die Patronenhülse. Nachdem die Patrone fertig geladen, taucht man noch den conischen Theil des Geschosses in die Fettung.

Als Pulver kann nur naßbrandiges Scheibenpulver verwendet werden und ist hiezu in Bezug auf Preis und Qualität das Fabrikat von H.C. Hayler in Rosenheim (Bayern) zu empfehlen.

Rostock, 11. Juni. Nachdem die im November v. J. durch die Sturmfluth zerstörten Scheibenstände auf der Fähre wiederhergestellt worden, wurden dieselben gestern durch ein vorher annoncirtes Probeschießen mit einem neuen Hinterladungsgewehr wieder eröffnet. Der auf hiesigem Pfingstmarkt anwesende Gewehrfabrikant Fr. J. D. Moritz Sohn aus Leipzig, hat auf seinem Lager einen Hinterladungs-Stutzen System Stahl, Patent, welcher durch seine äußerst solide und einfache Construction bereits die Aufmerksamkeit sämmtlicher hiesigen Schützen, die denselben besichtigt, erregt hatte. Um so willkommener war daher die Bereitwilligkeit des Herrn Moritz, auf der Fähre ein Probeschießen zu veranstalten, so daß man in der Lage war, die Waffe auch im practischen Gebrauche zu prüfen. Zu dem Ende hatte sich eine größere Zahl von Schützen dort eingefunden, und übernahmen es unsere hervorragendsten Freihandschützen die Schießversuche anzustellen; dieselben fielen so günstig aus, und befriedigten so allgemein, daß Herr Moritz sofort mehrere Stutzen verkaufte. Zuerst wurde auf die Standscheibe auf 175 Meter Entfernung geschossen, wobei die Schüsse sich durch große Präcision auszeichneten; ein gleiches Resultat wurde bei dem Schießen auf die Feldscheibe auf 300 Meter Entfernung erzielt, wobei es sich durch den geringen Unterschied in der Höhe der Visirpuncte noch herausstellte, daß das Gewehr eine außerordentlich rasante Flugbahn hat. Was die Construction des Gewehres betrifft, so zeichnet es sich durch Einfachheit und solide Einrichtung des Mechanismus entschieden unter allen Blocksystemen aus; die Auseinandernahme geschieht in wenigen Secunden ohne jegliches Instrument, und sind die einzelnen Theile so kräftig construirt, daß eine Beschädigung beim Gebrauch kaum denkbar erscheint. Die Oeffnung und das

Schließen der Verschluß-Klappe wird direct durch
einen Hebel ohne sonstige Vermittlungstheile bewirkt;
nachdem also die Klappe geöffnet, die Patrone einge-
legt, und die Klappe wieder geschlossen, ist das Gewehr schußbereit, da mit dem Schließen der Klappe
gleichzeitig die Spannung der Schlagfeder bewerkstel-
ligt wird. Die Patrone ist eine Metallpatrone und von
demselben Caliber wie die Martini-Patrone, so daß
letztere auch aus dem Stahl'schen Hinterlader verwendet werden kann. Die eben hervorgehobenen Vorzüge lassen uns diesen Hinterlader als eine für den
Kriegsgebrauch, wie zum Scheibenschießen außerordentlich geeignete Waffe erscheinen und glauben wir
eine baldige allgemeine Einführung desselben vorher-
sagen zu können. Die Herstellung des Gewehres
durch Herrn Moritz ist eine sehr saubere und der
Preis angemessen, so daß wir dasselbe nach bester
Ueberzeugung empfehlen können.

Ueber Hinterladebüchsen

Artikel, Autor: K.Gießel - „Deutsche Schützen- und Wehrzeitung", Jahrgang 1874, Nr. 17

Meine Freunde und ich hatten bereits im vorigen Sommer beim Besuch eines Schützenfestes die Ueberzeugung gewonnen, daß man, ohne einen guten Hinterlader zu besitzen, eben nicht mehr concurriren könne, wenigstens nicht um Tages- und Festprämien, was für Schützen, die sich satt schießen und dabei bemerkbar machen wollen, doch durchaus wünschenswerth bleibt. Wir sind aber auch der Ansicht, daß die Schnellfeuerscheiben eine ebenso zeitgemäße, besonders zum Fortschritt in der Waffenfrage anregende, als auch zur Prüfung der verschiedenen Systeme Gelegenheit gebende Schießeinrichtung seien, die auf keinem Schützenfeste mehr fehlen sollte. Mit Befremden wird sie in dem Bamberger Schießprogramm vermißt.

Wie es vielleicht vielen meiner Schützenbrüder geht, konnte ich mich nur schwer von meinem alten guten Vorderlader trennen, der mir seit einer Reihe von Jahren ein treuer und zuverlässiger Gefährte auf so mancher Schützenfestreise geworden war. So manche Erinnerung und so manch glücklicher Schuß, unter anderen einen 20 - 18 – 20 = 58 auf die Feld-Industriescheibe in Altenburg u. s. w. machte ihn mit werth. Doch man muß mit der Zeit fortschreiten oder sie schreitet über uns hinweg, er ist dahin. Ein Anfänger im Freihandschießen nennt ihn sein und wenn er dieselbe Anzahl Schüsse damit gethan haben wird,

wie ich, so ist er eben auch kein Anfänger mehr und
giebt ihn weiter.

Lange Zeit hielt ich Hinterladebüchsen für überflüs-
sig im Schützenwesen und das Schießen mit denselben für bedeutend theurer und umständlicher, als
mit dem Vorderlader, bezweifelte sogar die gleich große Trefffähigkeit derselben, jetzt bin ich anderer Meinung. Um klar in der Sache zu werden, habe ich einen beträchtlichen Theil meiner Zeit in diesem Jahre
dazu verwandt, mich umzusehen unter den verschiedenen aufgetauchten Systemen, trotzdem will ich
nicht behaupten und damit sagen, daß ich sie alle
gründlich durchprobiert und verglichen hätte, das
wäre eine sehr umständliche und kostspielige Sache,
denn so etwa 25 verschiedene Arten sind mir allein
bekannt geworden, und es mag manches gute System
noch geben, das ich nicht kenne. Als deutscher
Schütze und deutscher Industrieller war ich keinen
Augenblick im Zweifel darüber, daß ein inländisches
Fabrikat dem ausländischen vorzuziehen sei, zumal
es eine ganze Menge deutsche Erfindungen dieser Art
giebt, und mit Recht können wir einige davon den
besten ausländischen Constructionen an die Seite
stellen. Wir Schützen bedürfen doch nicht unter allen
Umständen ein Infanterie-Gewehr mit Ringen, Bajo-
net, grobem Visir und Korn, wir machen uns die Sache etwas bequemer, wir gestatten uns bessere Lage,
etwas ausgeschweifte Kappe. Feineres Visir und Perl-
oder Keilkorn, Gabel u. s. w. und getrauen uns auch,
mit einer solchen Waffe im Nothfall das deutsche
Reich beschützen helfen zu können.

Ohne andere ganz verwerfen zu wollen, hat das System des Herrn F. W. Keßler in Suhl meinen Anforde-

rungen am besten entsprochen, es ist dies eins von
den Blocksystemen d. h. ein beweglicher massiver
Block, der sich beim Oeffnen senkt, und den Lade-
raum frei macht und beim Schließen hebt und den
Verschluß bildet, unterscheidet es von Wellen- und
Walzensystemen. Dieser Block ist mehreren Systemen
eigen, wird aber bei fast jedem anders bewegt. Die
Keßler'sche Waffe hat Centralzündung und Metallpatrone (von Utendörfer in Nürnberg), starken Patro-
nenauswerfer, Sicherheitsvorrichtung und ist geeignet, recht gefällige Schweizerstutzen, mit Stecher versehen, darzustellen. Es läßt sich ein solcher Stutzen,
wie alle der besseren Construction in drei Tempos
fertig machen: 1. Bewegen des Bügels nach vorne,
dadurch öffnet sich der Verschluss und spannt sich
das Schloß. 2. Einschieben der Patronen. 3. Rück-
wärtsbewegen des Bügels in seine Lage. Damit ist er
zum Schießen fertig, nach dem Schusse wird die Patronenhülse beim Oeffnen durch einen Winkelhebel
kräftig ausgeworfen.

Bezüglich des Schnellfeuers habe ich Versuche gemacht und in den üblichen drei Minuten 15-18 ge-
zielte Schüsse auf Standscheibe 175m abgegeben,
hierbei auf sämmtliche Schüsse Treffer gehabt, der
schlechteste saß 10 Zoll überm Schwarzen. Bei größerer Uebung hoffe ich es noch höher bringen zu
können. Der Mechanismus gestattet es, bei dieser
Schießweise die Hakenkappe gar nicht von der Schulter wegnehmen zu müssen, indem die Mündung nach
dem Schusse nur auf einen vorhandenen Gegenstand, als Tisch, Stuhl, Fensterbrett, Schießbuden-
leiste oder dergl. senken und mit der linken Hand
allein das Laden besorgt werden kann, was beim
Schießen im Scheibenstande viel Vortheil bietet den

Constructionen gegenüber, bei denen man absetzen und oft mit Anstrengung der rechten Hand öffnen und laden muß. Das Auseinandernehmen der Theile ist leicht zu bewerkstelligen, ebenso das Versichern. Der Diopter steht fest auf dem hintern Theile des Kastens wie beim Vorderlader, Schäftung und Visirung je nach Bedürfniß ausführbar. Der Preis eines solchen Gewehrs ist gleich dem eines guten Vorderladers, und verschieden je mach Ausstattung, im Ganzen ein mäßiger. Das Aushalten der Metallpatronenhülsen habe ich ebenfalls Versuchen unterworfen und gefunden, daß nachdem ich 40 Schuß aus ein und derselben Hülse gethan, sich diese in keiner Weise verändert hatte, so daß ich mit Recht annehmen kann, daß dieselbe noch einmal 40m Schuß aushält. Man würde also mit 100 Stück Hülsen im Stande sein, 6-8000 Schuß machen zu können. Hieraus geht hervor, daß wenn auch eine solche Hülse sich auf 1 Sgr stellt, doch sich dies auf 60 bis 80 Schüsse vertheilt, also das Schießen nicht erheblich vertheuert. Auch erspart man noch Pflaster und Pfröpfchen.

Das Laden oder Herstellen der Patronen ist sehr leicht ausführbar, mit einer eigenthümlichen, zugehörigen Zange wird die alte, abgeschlagene Zündkapsel entfernt und gleichzeitig damit eine neue eingesetzt, hierauf Pulver eingeschüttet und die gefettete Kugel durch eine kleine Maschine gerade und fest eingesetzt; die ganze Arbeit erfordert nicht mehr Zeit als einige Secunden. Ich habe beispielsweise mit nur 2 Hülsen geschossen, und mein Gehülfe war im Stande, in der Zeit, als ich Schuß zielte und abgab, immer die vorher benutzte Hülse wieder herzustellen, ohne daß ich zu warten brauchte. Aus allem diesen erhellt, daß diese Hinterlader ihre großen Bequemlichkeiten bieten, denn es ist ganz hübsch, nur mit dem Stutzen allein und einer Parthie Patronen in der Tasche zur Schießstatt zu wandern, Schießkasten, Pulverhorn, Pflaster, Pfropfen und Ladestock entbehren zu können, auch beim Laden und Schießen sich weder bemühen noch beschmutzen zu müssen, welches letztere manchmal der Sonntagsjoppe recht nachtheilig zu werden pflegt. Ich setze meine Versuche fort, baue mir gegenwärtig noch einen solchen Stutzen mit größerem Drall im Laufe, da ich die Vorderladerbüchsen in der letzten Zeit auf gewöhnliche Stutzenrohrlänge mit 2 bis 2½ Mal herum Drall versah und sehr gute Resultate erzielte bei starker Ladung auf weite Distanzen, bei eigenthümlicher Form der Kugeln, und werde meine weiteren Erfahrungen später veröffentlichen. Denn die Länge und Schwere der Kugel kann nur gesteigert werden in gleichem Verhältniß mit dem Drall, da bei zu schwachem Drall die Drehungen der Kugel zu früh nachlasse und letztere, wenn sie weit zu fliegen hat, schief einschlägt und von ihrer Flugbahn abweicht. Auch drückt eine leichtere Kugel der Wind eben leichter zur Seite als eine schwere. Von kleinem Kaliber kann nur die Rede sein, da es große eben nicht mehr giebt. Ich kann deshalb meinen Schützenbrüdern, die vom Vorderlader Abschied nehmen wollen wie ich, Hinterlader im Allgemeinen und besonders das System des Herrn Keßler in Suhl nur empfehlen, bin auch erböthig, meinen Freunden solche Büchsen mit den von mir für nöthig gehaltenen Einrichtungen und Verbesserungen in Bezug auf Lage, Visirung und Schuß zu liefern und fertig zu stellen, sowie über alles Weitere Auskunft zu geben.

Ich ersuche andere Schützenbrüder, ihre Erfahrungen in Bezug auf Hinterlader ebenfalls zu gegenseitiger Belehrung in diesem Blatte mitzutheilen.

K.Gießel

Weißenberg in Sachsen, im April 1874

Zur Gewehr-Technik

Anonym erschienener Artikel - „Deutsche Schützen-
und Wehrzeitung", Jahrgang 1874, Nr. 20

In Nr. 17 der „Schützen-Zeitung" veröffentlich Herr
Gießel seine Erfahrungen über Hinterladungsbüch-
sen und ersucht auch andere Schützenbrüder ihre
Erfahrungen mitzutheilen. Da ich diese Besprechun-
gen für belehrend halte, so sollen ihm meine an verschiedenen Schießschulen erprobten Erfahrungen
nicht vorenthalten werden.

Die Erwähnung des Dralls von 2½ Mal herum führt
zu der Frage, welche stets bei Schützen und Büch-
senmachern eine streitige war; wie stark der Drall bei
Hinterladern sein soll?

Die Angabe, daß der Drall 2½ Mal herumgeht, ist an
sich technisch unrichtig, indem hiermit keineswegs
festgestellt ist, wie steil derselbe ist, weil keine Länge
des Rohrs angegeben wird. Dasselbe kann 60 auch
76 Centimeter lang sein, da in dieser Länge Scheibenbüchsen variiren. Die richtige Angabe ist: Das
Rohr hat auf die Länge von 18 oder 36 Zoll einen Umgang, indem zwischen diesem Maaß sämmtlicher
brauchbarer Drall liegt, dann kann das Rohr jede
Länge haben und der Drall ist dennoch richtig angegeben.

Kommen wir nun zu der Frage, wie stark soll ein
Drall für Hinterlader sein, so kann sich dieselbe nur
dann beantworten, wenn bestimmt wird, wie weit dieses Gewehr tragen soll.

Es ist dem Schützen, der höchstens bis auf 6-700 Schritte schießen will, nicht damit gedient, wenn man in seiner Büchse einen Drall anwendet, der auf 2000 Schritte der beste ist, indem er nicht auf solche Entfernungen schießt und ein solcher Drall nebst seinen Vortheilen auch lästige Nachtheile auf nahe Distancen mit sich führt. Auf solche Entfernungen ist ein langes schweres Geschoß nöthig, weil leichtere Geschosse sehr bald ihre Kraft verlieren, obgleich letztere auf nähere Distancen flacher tragen.

Um nun ein solch schweres Geschoß nachhaltig auf 2000 Schritte zum Rotiren zu bringen, ist eine schnellere Rotationsgeschwindigkeit, d. h. ein stärkerer Drall nöthig.

Der stärkere resp. steilere Drall bedingt aber auch einen tieferen Zug zur Führung des Geschosses, damit letzteres nicht überspringt.

Dieser Zug markirt sich an den Rändern des Geschosses, indem es sich hermetisch auspressen muß, und die Einschnitte bereiten die Derivation des Geschosses, welche ich etwas näher beleuchten will.

Die allgemein geltende Meinung, daß durch die Spitze des Langbleies eine größere Tragweite gegen die früheren Rundgeschosse herbeigeführt wurde, ist eine unrichtige.

Bei einem richtig construirten Langblei liegt der Schwerpunkt desselben vor der Mitte, d.h. der hintere Theil des Geschosses soll etwas leichter sein als das vordere.

Betrachtet man nun die Flugbahn eines solchen Geschosses, so wird man finden, daß die Rotationsaxe desselben während des Fluges nicht horizontal liegt, wenn es auch in horizontaler Richtung abgeschossen ist; man wird vielmehr finden, daß das Geschoss mit seinem Hintertheil immer etwas tiefer liegt wie mit dem Vordertheil.

Hiedurch entsteht an der untern Hälfte des Geschosses eine Anstauung der Luft, welche bestrebt ist, dasselbe zu halten. Wenn es nun auch dieser angestauten Luft nicht gelingt, das Geschoß zu heben, so verhindert sie doch den schnellen Fall desselben. Man hat, auf diesen Vortheil aufmerksam gemacht, verschiedene Geschosse von gleichem Gewicht und bei gleicher Pulverladung construirt, wovon das eine auf 900 Schritte mit demselben Visir ebenso flach trug wie das andere auf 500 Schritte, es wurde nur der Schwerpunkt bei Ersterem weiter vorgelegt. Man kann hieraus ersehen, daß nicht die Spitze, sondern die Lage des Geschosses zur flachen Flugbahn führte.

Die an und für sich günstige Lage des Geschosses führt aber auch zu dem Nachtheile der Derivation, d. h. das Geschoß weicht seitwärts aus seiner Richtung, je weiter es zu gehen hat. Wie bereits erwähnt, findet während des Fluges eine Anstauung der Luft an der untern Hälfte des Geschosse statt, während die obere Hälfte von der gepreßten Luft unberührt bleibt, ebenso wurde erwähnt, daß die Züge an den Rändern des Geschosses Einschnitte hinterlassen. Die scharfen Kanten dieser Einschnitte haben während des rotirenden Fluges stets mit dieser angestauten Luft seitwärts zu kämpfen, indem das sich drehende Geschoß stets mit den scharfen Kanten seitwärts gegen die Luft zu schlagen hat.

Diese auf der ganzen Flugbahn herrschende Reibung bringt den Nachtheil, daß sich das Geschoß selbst

seitwärts, resp. auf der entgegengesetzten Seite aus
seiner Richtung zieht. Je stärker nun der Drall und je
tiefer der Zug, desto mehr zieht sich das Geschoß
nach der Seite

Nehme man nun das in der deutschen Armee adop-
tirte Gewehr: dasselbe hat auf 21 Zoll einen Umgang
und einen dem gewiß steilen Drall entsprechend tie-
fen Zug. Dieses Gewehr weicht, wenn man es auf 100
Schritte auf den Strich schießt, bis auf 2000 Schritte
in Folge des steilen Dralls mindestens 24 Fuß nach
rechts ab, während das bayerische Gewehr mit einem
Drall, welcher auf 35–36 Zoll einen Umgang und einen seichteren Zug hat, nur eine Abweichung von 2-3
Fuß auf 1000 Schritt erleidet.

Vergleichen wir nun den von Herrn Gießel vorge-
schlagenen Drall, welcher 1 ½ Mal herum geht, und
taxiren wir dessen Rohrlänge auf die gewöhnliche von
30 Zoll, so würde schon auf 12 Zoll ein Umgang
existiren, welcher Drall auf 3-4000 Schritte genügen
würde und nehmen wir einen dieser Steilheit entsprechenden Zug hinzu, so würde bei diesem Hinterladungsgewehr wenn es auf 100 Schritte Strich ange-
schossen ist, schon bei 500 Schritt eine Rechtsabwei-
chung von mindestens 4 Fuß eintreten.

Ein solcher Drall ist bei einem Hinterlader verwerflich, mehr wie bei einem Vorderlader, weil sich bei
letzteren nicht so tief markiren.

Wir ersehen sonach aus Obigem, mit Augen geprüf-
ten und urkundlich festgestellten Ergebnissen, daß
man den Drall nicht steiler nehmen soll, als es das
Geschoß zu seiner sichern Rotation bis auf jene Entfernung nöthig hat, welche damit bestrichen werden
soll, auch soll man das Geschoß nicht zu lang ma-

chen und den Drall nicht zu schwach nehmen, damit
es in Folge dieser Mängel nicht umschlägt.

In dieser Nr. 17 ist weiter erwähnt, daß Herrn Gießel
gegen 25 verschiedene Systeme bekannt geworden,
und daß es noch eine Menge solcher gebe, die er zwar
nicht alle geprüft hätte, und daß die inländischen
Fabricate den auswärtigen vom Standpuncte der
deutschen Industrie aus betrachtet vorzuziehen sei-
en. Ich belobe seinen Sinn für die deutsche Industrie
und es wäre längst wünschenswerth, wenn die in
Deutschland erzeugten Waffen, die in Amerika wegen
ihrer Güte für englische verkauft und gepriesen werden, auch im Inland mehr geehrt und geschätzt würden.

Was jedoch die 25 ihm bekannt gewordenen Systeme, ohne die Menge der ihm nicht bekannt gewordenen, betrifft, so bin ich mit dieser Zahl keineswegs
einverstanden, obwohl ich mich seit 6 Jahren viel an
Schießschulen, bei technischen Behörden und in Ge-
wehrfabriken etc. bewege. Es sind mir nur bekannt
geworden: Zündnadel, Werndl, Peabody, Werder, Martini und Stahl; alle anderen sind Abarten von diesen
Original-Systemen.

Von der königl. Gewerbeakademie in Berlin, von welcher das königl. Handelsministerium die Prüfung zur
Patentirung vornehmen lässt, hat gegen 100, angeb-
lich verschiedene Systeme geprüft, aber alle verwor-
fen, weil sie nichts anderes als Abarten von diesen
patentirten Original-Systemen sind.

Es ist hier z. B. ein System Keßler von Suhl erwähnt
und da mir auch dieses System nicht unbekannt
bleiben konnte, so diene zur Aufklärung, daß dieses

System in die Classe der Bügelspanner gehört und seinem Ursprung nach ein Martini-System ist.

Martini hat an seinem System die schöne Eigenschaft, daß es sich beim Öffnen nicht spannt, sonach auch während der Ladung außer Spannung und ohne Gefahr ist.

Keßler hat es verändert und spannt schon beim Oeffnen, er hat das System mithin gefährlicher gemacht. Hiezu kommt noch, daß die kurze Schlagfeder zerbrechlicher wurde und die Extraction hemmt. Man ersieht hieraus, daß es sich hier nicht um ein System Keßler handelt, sondern um ein verdorbenes Martini-System.

Herr Gießel würde besser gethan haben, wenn er jenen Schützen, welche überhaupt noch einen Bügelspanner wünschen, gleich zum Original-Martini-System gerathen hätte, statt zu einem noch complicirterem.

Ueberhaupt ist es eine unerfreuliche Sache, daß durch das Auftauchen vieler solcher Nachahmungen die Schützen häufig sich schwer zur Anschaffung von Hinterladern entschließen, da sie glauben, nach diesen Auspreisungen käme täglich etwas Neues zum Vorschein.

Nicht jeder Schütze kann es unterscheiden, und nicht selten wird durch solche Nachahmungen resp. durch solche verdorbene Gewehre die ganze Hinterladungsfrage in ein schiefes Licht gestellt, während doch einige der Original-Systeme eine hohe Vollkommenheit erreicht haben.

Auch zur Gewehr-Technik!

Artikel, Autor: K.Gießel - „Deutsche Schützen- und Wehrzeitung", Jahrgang 1874, Nr. 24

In Nr. 20 dieser Zeitung gefällt sich ein Anonymus darin, meine in Nr. 17 dargelegten Erfahrungen, und Empfehlung der Keßler´schen Hinterladebüchse zu kritisiren, und das genannte System als gefährlich und verwerflich zu schildern, daß ich annehmen muß, es mit ebenfalls einem Erfinder irgend eines Systems zu tun zu haben. Ich rufe demselben nur zu: „Ruhig Blut und immer leben und leben lassen!" Und daß derselbe nicht „unfehlbar" ist, will ich im Folgenden zu beweisen suchen.

Abschon ich in meinem Aufsatze mit Vorbedacht vermied, irgend ein System zu tadeln, um nicht bei irgend einem Patentinhaber oder Fabrikanten eines Hinterladers anzustoßen und zu Streitereien Veranlassung zu geben, so ist es mir, wie es scheint, doch nicht geglückt, und obschon ich mich in der Hauptsache mit Feile und Hammer beschäftige, so muß ich nochmals zur Feder greifen aber zum letzten Male in dieser Angelegenheit, denn ich habe sehr wenig Zeit dazu übrig, also zur Sache.

Es bemerkt mein Gegner, den ich der Kürze halber Herrn S. nennen will, ein Büchsenrohr könne 60 bis 76 Centimeter lang sein, ich hatte aber Büchsen im Sinn, als ich von 2½ Mal herum Drall sprach, die von 75 Centimeter bis genau 1 Meter lang sind, deren es hier in der Lausitz sehr viele giebt, nämlich Büchsen zum Aufgelegtschießen, Vorderlader. Der Drall ist verschieden, ich habe dort Büchsen gesehen, die auf

70 bis 75 Centimeter Rohrlänge 2¼ Mal herum und etwas mehr, denn solche von etwa 80 Centimeter Länge, die mehr als 2½ Mal herum Drall hatte, und ich habe selbst viele gefertigt mit ähnlichem Drall. Denn daß ich Büchsenmacher mit 30jähriger Praxis bin, erwähne ich hier beiläufig, auch bin ich eifriger und ich kann wohl ohne zu renommiren sagen, nicht ungeübter Schütze.

Bei den angegebenen Rohrlängen ist das Kaliber von 8 bis 9 mm. Durchmesser, die Züge sind in den meisten Fällen Poligonalzüge, die Form der Rohrseele ein reines Achteck. Daß bei acht Ecken und 8 mm. Durchmesser diese Ecken oder Züge nur geringe Tiefe haben, erklärt sich von selbst. Die Geschosse sind 28 bis 32 mm. lang, hinten mit einigen ganz seichten Rinnen versehen und laden sich ganz leicht, mit Shirtingpflaster ist die Kugel mit einer Hand bequem hinunter zu stoßen, und diese Büchsen schießen famos, die Distanz ist etwa 160 Meter. Leichtere Kugeln, aus Büchsen mit wenig Drall geschossen, sind alle verdrängt, weil sie eben durch jeden Windzug bald nach rechts oder links getrieben werden, während die Langbleie stetig und sicher das Schwarze treffen. Ich glaube nicht, daß es irgend eine Methode giebt, wonach Büchsen herzustellen wären, die regelmäßiger schössen. Das Gesagte können mir hunderte von Schützen bestätigen. Bei Windstille schießen fast alle Büchsen, die sonst richtig construirt sind, auch mit leichterer Kugel, aber im Winde, der fast immer genirt, da klingt die Sache anders, denn Wind und Lichtwechsel sind die größten Plagen beim Schießen. Ich nenne das also viel Drall und lange Kugel, und da es bei Vorderladern geht, warum nicht auch bei Hinterladern?

Herr S. glaubt, daß bei diesem Drall die Kugel die Züge überspringen könne, ich nicht. Wir haben oft aus einer Büchse die Kugeln, die für eine andere gegossen waren, geschossen, die ohne Pflaster die Seelenwände oder Züge nur leise und oft gar nicht berührten, und wir schossen mit ganz dünnen Pflastern dennoch vorzüglich, es gehört demnach durchaus nicht viel Kraft dazu, eine Kugel zum Rotiren zu bringen. Herr S. spricht vom Schießen auf 2000 Schritt, ich überlasse es jedem, der etwas vom Feinschuß versteht, was auf diese Distanz zu leisten ist. Als Ziel darf man sich dann wohl nicht bloß ein Scheunenthor denken. Alles Schießen auf diese Entfernung überlassen wir gern den Schießschulen und anderen militärischen Anstalten, für die es einen Zweck und Sinn hat.

Jeder der im deutschen Schützenwesen bekannt ist, weiß, daß die beiden gewöhnlichen und normalen Distanzen, Standscheibe mit 175 Meter und Feldscheibe mit 300 Meter, in den allermeisten Fällen festgehalten werden, und es wird also, wenn Jemand von der weiten Distanz spricht, selbstverständlich an Feldscheibe denken und nicht von Tausenden von Schritten schwärmen.

Beim Schießen auf die Feldscheibe habe ich selbst mit sehr vielem Drall nicht das Geringste bemerkt, und Korn und Visir auf der Mitte des Laufes behalten, auch beim Hinterlader nicht, den ich mir auf 73 Centimeter Rohrlänge mit 1¾ Umgängen versehe und wiederholt probirt habe. Das Geschoß ist bei 8 mm. Caliber Weite 27 mm. lang, die Züge sind nur ganz flach, so daß die Eindrücke derselben auf die Kugel sehr unbedeutend sind und diese schwerlich „schiffs-

schraubenartig" in der Luft arbeiten wird. Ich schieße
Treffer auf Treffer, wenn ich gut abkomme, Grund
genug für mich, zufrieden zu sein und Erfahrung für
die beste Lehrmeisterin zu halten. Herr S. findet eini-
ges in meinem Aufsatze „technisch" unrichtig ausge-
drückt, ich finde es auch unrichtig und unverständ-
lich, wenn derselbe seine Maaße in Zollen ausdrückt,
besonders da Niemand weiß, wie lang seine Zolle
sind.

Herr S. führt nur 6 Systeme auf, ob Vetterli, Beau-
mont, Kennington, Seider, Lefauscheux, Mauser,
Berdan, und alle sonst patentirten Systeme, Dreyse,
Berger, Täschner, die verschiedenen Perkussionslader
Wänzl, Milbank-Amsler, Tabatiergewehr, sächsische
Karabiner, und die neueren Systeme Keßler, Heinlein
und wie sonst sie heißen, von ihm mit Recht nur als
Abarten zu betrachten sind, will ich dahin gestellt
sein lassen, für mich und für viele deutsche Schützen
ist eine vielleicht geringe Verbesserung, Ersparung
eines Griffes, gefälliges Äußere, bequemes Laden, gute Versicherung oder dgl. bei sonst guter Leistungsfä-
higkeit Grund genug, das betreffende Gewehr zu lie-
ben, zu kaufen und weiter zu empfehlen.

Auch giebt Herr S. zu, daß in Berlin allein gegen
hundert Systeme geprüft wurden, daß unter denselben nicht mehr patentirt worden wären als 6, ist
kaum glaublich. Herr S. giebt an, daß Keßlersche
System sei gefährlicher, weil es sich beim Öffnen
schon spanne; mir erscheint dies als ein wesentlicher
Vorzug, da ein Griff erspart wird, was beim Schnellfeuer sehr in Betracht kommt. Bekanntlich ladet man
einen Hinterlader nie eher, als bis man den Stand
betritt, darf es sogar beim Schnellfeuer nicht eher

thun, außerdem hat das System eine so leicht zu bewegende Sicherheit, daß alle weiteren Auslassungen darüber unnütz werden.

Warum ich nicht Martinigewehre empfehle, dafür ist ein Grund der bereits angeführte, daß ich inländisches Fabrikat dem ausländischen vorziehe, außerdem ist ein Keßler'scher Stutzen mit Zubehör 15 – 20 Thlr. billiger als jener – auch dies dürfte zu erwägen sein. Ich kann nicht umhin, Allen nochmals diese Stutzen auf's Beste zu empfehlen, und hoffe im Laufe dieses Sommers, vielleicht in Leipzig oder Bamberg, öffentlich den Beweis zu liefern, wenn es meine Gesundheit gestattet, daß der Keßler'sche Stutzen vollständig geeignet ist, die Anforderungen der deutschen Schützen in jeder Beziehung zu erfüllen.

Weißenberg, den 23. Mai 1874 K.Gießel

Deutsche Schützen- und Wehrzeitung" 1882, Nr.52

Schießen auf weite Distanzen

Artikelserie, Übernahme aus „Forest and Stream" Autor: Clarke, Thomas C. - „Deutsche Schützen- und Wehrzeitung", Jahrgang 1874, Nr. 37 bis 42.

Gelegentlich unserer Mittheilung über das im nächsten Herbst bevorstehende Wettschießen zwischen irischen und amerikanischen Schützen, im Creedmoor-Park bei New-York, gaben wir eine kurze Auskunft über die Distanzen und Scheiben, welche auf diesem Schießplatze üblich sind. Wenngleich wir annehmen dürfen, daß jeder Schütze weiß, wie auf verschiedene Entfernungen geschossen werden muß, so glauben wir doch unseren Lesern einen Dienst zu erweisen, wenn wir Bemerkungen über Schießen auf so weite Entfernungen mittheilen, wie für das internationale Wettschießen festgesetzt sind, welche wir dem „Forest and Stream" entnehmen, und die von Herrn Thomas C. Clarke in Philadelphia herrühren. Der Verfasser sagt:

„Vollkommenheit im Schießen auf kurze Distanzen besteht in der Fähigkeit, nach Belieben eine sehr feine Behandlung der Waffe genau so zu wiederholen, wie man es früher gethan hat. Vollkommenheit im Schießen auf weite Entfernungen ist die Fähigkeit, diese feine Manipulation immer mit demselben Erfolge zu wiederholen, während die begleitenden Umstände sich mit jedem Schusse ändern. Fehler beim Büchsenschießen entspringen aus dreierlei Ursachen:

1. Fehler im Material, d. h. der Büchse oder der Munition;

2. Fehler aus äußerlichen Ursachen, welche sich in zwei Classen unterscheiden lassen, nämlich: physische Ursachen, welche eine Abweichung des Geschosses von der regelmäßigen Flugbahn nach oben, unten oder seitwärts bedingen; und optische Täuschung, welche das richtige Zielen verhindert;

3. Fehler auf Seite des Schützen selbst in Handhabung der Büchse.

Was zunächst das Material angeht, so ist kaum etwas auszusetzen an den Scheibenbüchsen von Remington, Maynard, Sharpe, Burton und anderen, ausgenommen rücksichtlich ihrer Visire. Der Drall muß natürlich stark sein und eine Windung auf 18-20 Zoll betragen, um dem Geschosse, welches ein Cylinder von wenigstens drei Durchmesserlängen ist, die gehörige Rotation mitzutheilen; und die Metallstärke muß groß genug sein, die erforderliche Pulverladung auszuhalten und durch die Schwere des Rohrs den Rückstoß zu brechen. Die Visirung jedoch erreicht gewöhnlich nicht diejenige der englischen Büchsen für weite Entfernungen, und ohne gutes Visir wird die Büchse nutzlos. Ein Schütze sollte die verschiedenen Arten probieren und diejenige behalten, welche am besten für sein Auge passt.

Der Verfasser beschreibt nun die s. g. Krider´sche Visirung für die Remington-Büchse. Das Korn ist unser gewöhnliches Nadelkorn mit Schutzröhre, welches sich mittelst einer Schraube nach rechts oder links stellen läßt; um diese Seitenbewegung zu reguliren, ist die Platte, auf welcher das Korn steht, graduirt und ein Zeiger auf dem Rohr angebracht. Stellt man nun das Korn um einen solchen Theil (ein 50stel eines Zolles) seitwärts, so entspricht dies bei 1000

Yards Entfernung 2 Fuß auf der Scheibe. Das Visir ist ein Klappvisir auf dem Schaft hinter dem Hahn und besteht aus einem Rahmen ähnlich dem Visir des Chassepot und dem Visirhalter, welcher sich mittelst einer Schraube an dem Rahmen auf und ab bewegt. Das eigentliche Visir ist eine concave Scheibe oder Näpfchen, $1^1/_8$ Zoll im Durchmesser und $1/_4$ Zoll tief, und kann vom Visirhalter abgeschraubt werden, um Bodenstücke mit Löchern von verschiedener Größe einsetzen zu können, welche man je nach der Helle des Lichtes, oder je nachdem die Scheibe klar erscheint, wechselt. Die eine Seite des Rahmens ist in Minuten eingetheilt, um die wirkliche Elevation zu ermitteln. Eine Minute Elevation an dem Visir kommt ungefähr 9 Zoll auf der Scheibe bei 1000 Fuß Distanz gleich. Ob das Visir senkrecht steht, ermittelt der Verfasser durch einen kleinen Pendel. Von dem Gewehr wendet sich der Verfasser zur Munition, indem er sagt, daß die Genauigkeit des Schusses von der Munition eben so sehr abhängig ist, wie von der Büchse. Er fährt fort:

„Vor Einführung der Hinterlader mit fertigen Patronen hing dies ganz von dem Schützen ab, und wenn er genau schießen will, so muß er auch jetzt selbst für seine Munition sorgen und sich nicht auf Patronen verlassen, welche vielleicht von sorglosen Leuten gemacht sind mit ungleichen Ladungen, geringerem Pulver und Geschossen von verschiedenem Gewicht. Beim Schießen auf kurze Distanzen kommt auf diese Verschiedenheit nicht so sehr viel an; bei großen Entfernungen aber, wo jede kleine Ungenauigkeit der Büchse einen bedeutenden Unterschied auf der Scheibe macht, kann man nicht genau schießen ohne Pulver von gleichmäßiger Stärke, gleicher Menge in

jeder Ladung und Geschosse von gleichem Gewicht.
Um dies zu erreichen, muß man entweder Vorderlader gebrauchen, oder Patronen, die man selbst laden
kann. Nachdem ich jede Art von Büchse gebraucht
habe, bin ich dahin gelangt, was Genauigkeit des
Schießens angeht, dem Hinterlader den Vorzug zu
geben. Ein Grund dafür ist der, daß man den Lauf
nach jedem Schuß reinigen und gewiß sein kann, daß
er wirklich rein ist, und dies ist ein wichtiger Punkt
da Genauigkeit des Schießens davon abhängt, daß
die Bedingungen bei einem Schusse dieselben sind,
wie bei jedem anderen.

„Genauigkeit kann ferner nicht erreicht werden,
wenn nicht die Axen des Geschosses und der Seele
zusammenfallen, d. h. wenn nicht das Geschoß genau passt. Eine lose im Lauf steckende Kugel kann
nie so genau treffen wie eine fest in die Züge passen-
de. Bei den altmodischen amerikanischen Vorderla-
der-Büchsen wurde das Passen durch Pflastern erzielt. Bei der Hinterladung aber kann das Geschoß so
eingerichtet werden, daß es vollkommen in die Züge
paßt, und zwar ohne Mühe oder Zeitverlust beim Laden. Wer sich für den Hinterlader entscheidet, muß
sich Hülsen anschaffen, die er selbst laden kann, und
eine entsprechende Kugelform.

„In England hat man das relative Verhältniß von
Pulver und Geschoß durch die Praxis ungefähr folgendermaßen festgestellt: hinreichende Triebkraft,
um die Einwirkung des Windes auf weite Distanzen
zu überwinden, kann nicht erreicht werden von Geschossen von weniger als 400 Gran Gewicht und dies
bis zu 530 (Kugelgewicht für englisches kleines Kaliber) ergiebt die besten Resultate. In England hat man

die Pulverladung von 60 Gr., welches vor 10 Jahren die gewöhnliche war, auf 90 Gr. vergrößert; während das Gewicht des Geschosses dasselbe blieb, d. h. 530 Gr., oder etwas weniger als sechsmal das Gewicht des Pulvers. Ich ziehe vor, das Gewicht des Geschosses etwas zu verringern, etwa auf 450 Gr. Blei und dabei 80 Gr. Pulver anzuwenden. Dies verursacht geringeren Rückstoß und giebt ebenso gute Resultate; es ist in der That eine so große Ladung, wie man sie bei einer Büchse von 10 Pfund Gewicht nur anwenden kann. Statt die Pulverladung zu vergrößern, sollte man darnach streben, die Friktion zu verringern. Da der Hinterlader den Gebrauch mechanisch genau passender Geschosse gestattet, so kann man die Lauflänge vermindern. Ein 24zölliger Maynard schießt eben so gut wie ein 30zölliger Vorderlader. Was man an Lauflänge erspart, kann man der Metalldicke hinzufügen, und dabei nur gewinnen. Ein kürzerer Lauf erzeugt natürlich weniger Friktion als ein langer. Es ist zu wünschen, daß unsere wissenschaftlichen Büchsenmacher durch umfassende Experimente die angemessene Lauflänge für einen Hinterlader mit mechanisch passendem Geschoss ermitteln möchten und dabei zugleich feststellen, inwieweit Capt. Hea´s Plan, die Züge nur 6 Zoll von der Mündung abwärts zu führen, sich bewährt.

„Um einen Schuß wie den anderen zu machen, muß man Pulver von gleichmäßiger Qualität anwenden. Für einen kurzen Lauf und mechanisch schließendes Geschoß ziehe ich grobkörniges „Hazard Electric" vor. Man kaufe den ganzen Vorrath für eine Schießsaison auf einmal, mische es durch einander und bewahre es in einer dichtschließenden Blechbüchse auf. Ferner versehe man sich mit einer kleinen Apotheker-

Wagschale und wäge jede einzelne Ladung genau ab; vernachlässigt man dies, so kann man bei weiter Entfernung nicht auf genaues Schießen rechnen. Die Geschosse sollte man selbst gießen und das Blei mit einem Theil Zinn versehen, und es durch ein Gesenk gehen lassen, welches mit der Kugelform bestellt werden kann. Dann überziehe man jedes Geschoß mit zähem Banknoten-Papier. Mit nacktem Blei, mag es getalgte Reifen haben oder nicht, erreicht man niemals dieselbe Genauigkeit, wie wenn das Geschoß mit Papier überzogen und gut getalgt ist. Dann wäge man die Geschosse und lege diejenigen, welche um nicht mehr als 2 Gr. in Gewicht verschieden sind, zusammen und brauche auf eine gewisse Entfernung nur Geschosse von demselben Gewicht. Hat man auf diese Weise seine Patronen angefertigt, sortiert und bezeichnet, so muß man auch darauf achten, daß man vor jedem Schuß die Büchse mit einem Fettlappen auswischt; der Lauf muß immer spiegelblank gehalten werden.

„Alles dies scheint vielleicht überflüssige Mühe und Pedanterie zu sein, aber wenn man etwas überhaupt thut, kann man es auch gleich so gut ausführen, wie möglich. Es ist besser, Alles in vollkommener Ordnung zu haben, als auf's Gerathewohl den Schießstand zu betreten und Pudel zu schießen, weil man nicht weiß, wie die Patrone beschaffen ist.

„Wir kommen nun zu denjenigen Fehlern beim Schießen, welche auf äußeren Einflüssen beruhen, und zunächst zu den physischen Ursachen, welche eine Seiten- oder Höhen-Abweichungen des Geschosses bewirken. Verschiedenheit der Temperatur bedingt Verschiedenheit der Elevation. Es ist durch Ex-

perimente festgestellt worden, daß jede Steigerung
von 10 Grad Fahrenheit ein Steigen von ungefähr 6
Zoll auf 1000 Yards mit sich bringt. Dies ist jedoch
höchstens wichtig für Vergleichung älterer Schießlis-
ten. Ein niedriger Barometerstand bedingt auch geringere Elevation und ein hoher umgekehrt; das Ver-
hältnis ist jedoch noch nicht ermittelt. Wind, welcher
nach der Scheibe hin weht, beschleunigt die Fluggeschwindigkeit der Kugel und vermindert die Elevation; Wind, welcher dem Schützen entgegen bläst, hat
die umgekehrte Wirkung. Seitenwind hat dieselbe
Wirkung, aber in geringerem Grade. In feuchtem oder
Regenwetter ist der Niederschlag in den Zügen feucht,
die Friction ist geringer und daher die Geschwindigkeit größer, als wenn die Züge mit einem trockenen
Niederschlag gefüllt werden. Wenn aber der Lauf nach
jedem Schuß rein ausgewischt wird, so braucht man
hierauf keine Rücksicht zu nehmen. Hat jedoch die
Feuchtigkeit Zutritt zum Pulver, so wir die Kraft desselben vermindert, und größere Elevation nöthig.

„Seitenwind treibt natürlich auch das Geschoß seitwärts, und zwar ein leichtes mehr als ein schweres,
und eins von geringerer Fluggeschwindigkeit und Rotation mehr, als eins von größerer Geschwindigkeit
und schnellerer Rotation. Ein guter, stetiger Wind,
welcher eine Rigby-Kugel von 530 Gr. mit 85 Gr. Pulver auf 1000 Yards 10 Fuß seitwärts treibt, würde ein
Geschoß von 250 Gr. bei 50 Gr. Pulver mindestens 30
Fuß aus der Richtung treiben, so daß der unglückliche Schütze die Scheibe vielleicht gar nicht treffen
würde. Es ist natürlich unmöglich, bestimmte Regeln
anzugeben oder Tabellen aufzustellen, welche für die
unendliche Verschiedenheit der Fälle paßten, die
durch die verschiedenen Geschwindigkeiten des Win-

des und durch die Verschiedenheit der Windrichtung
gegen die Schußlinie hervorgebracht werden können.
Und selbst wenn dies möglich wäre, so würde es
nutzlos werden an Tagen, wo der Wind fortwährend in
Stärke und Richtung wechselt. Man kann höchstens
von hundert zu hundert Yds. Stangen mit Wimpeln
errichten und dem Schützen empfehlen, dieselben
fortwährend zu beobachten. Danach muß man dann
das Korn stellen, und darf dabei nicht ängstlich sein,
daß man des Guten zu viel thue; einige wenige
Schüsse werden die rechte Stellung für das Korn er-
geben. Die Derivation (drift) d. h. die Abweichung des
Geschosses nach der Richtung seiner Rotation ist in
der Praxis mit der Wirkung von Seitenwinden gleich-
bedeutend und kann auf dieselbe Weise neutralisirt
werden. Bei der Whitworth-Büchse geht die Windung
der Züge, und damit die Rotation, von links nach
rechts, und mit 85 Gr. Curtis, Harvey's Nr. 5 und
einem Geschoß von 530 Gr. beträgt die Derivation auf
1000 Yds. 65 Zoll zur Rechten, so daß man das Korn
0,05 Zoll zur Rechten stellen muß. Bei 500 Yds. würde die Derivation etwa 32 Zoll betragen. Hieraus ergiebt sich die Nothwendigkeit, das Korn auf jede Entfernung anders zu stellen. Auch die Achsenbewegung
der Erde verursacht eine Derivation wenn man nicht
gerade nach Osten oder Westen schießt, sie ist jedoch
von keinem besonderen Einfluß.

„Wir kommen jetzt zu den „optischen Täuschungen",
welche den Schützen glauben machen, er ziele auf die
Scheibe, während er es wirklich nicht thut, und ihm
auf weite Distanzen mehr Schwierigkeiten entgegen-
stellen, als alle die übrigen Mängel zusammenge-
nommen. Die augenfälligste ist die, wenn die Sonne
auf der einen Seite des Schützen steht, angenommen

auf der rechten, und beleuchtet die rechte Seite des Korns und die linke der Kimme, so daß er nach Links schießt. Diesem Fehler wirkt man dadurch entgegen, daß man Korn und Visir beizt oder schwärztes wird aber gänzlich verhindert durch das Nadelkorn mit Schutzröhrchen und Diopter. Strahlenbrechung oder Luftspiegelung ist eine der gewöhnlichsten Ursachen von Irrthum.

Es giebt davon mehrere Arten. Die eine besteht darin, daß Gegenstände in senkrechter Richtung vergrößert werden und dadurch höher erscheinen, als sie wirklich sind, oder, was die Schiffer mit „Aufdamen" (looming) bezeichnen. Man zielt nach dem Spiegelbild der Scheibe und nicht auf diese selbst, und schießt darüber hinweg. Man muß daher das Visir niedriger stellen. Dieser Fall tritt gewöhnlich an sehr heißen sonnigen Tagen ein. Eine andere Luftspiegelung findet statt, wenn die Luft eine senkrechte und seitliche Strahlenbrechung zugleich begünstigt, und Gegenstände wirklich vergrößert erscheinen, als ob man sie durch ein Fernrohr sieht. In diesem Falle tritt das Gegentheil ein, und wenn man glaubt, auf einen Gegenstand zu zielen, so zielt man in Wirklichkeit darunter und die Kugel ricochetirt, wenn man nicht das Visir höher stellt. Dies geschieht an solchen außergewöhnlich klaren Tagen, wo man entfernte Gegenstände mit Deutlichkeit sieht. An solchen Tagen muß man der Elevation besondere Aufmerksamkeit schenken. Plötzlicher Wechsel des Lichtes, wie an Tagen, wenn Wolken rasch an der Sonne vorüber ziehen, verlangt entsprechenden Wechsel der Elevation.

„Heaton, in seinen „Hints to Rifleman", sagt, daß wenn man an einem Tage mit halben Lichte schießt, die

Sonne aber auf das Gewehr scheint und die Scheibe in heller Beleuchtung läßt, mehr Elevation nöthig ist, aber weniger Elevation, wenn das hellere Licht auf die Scheibe und das geringere auf die Büchse fällt. Schießt man aber an einem hellen und klaren Tage, während das Licht auf die Scheibe fällt, so ist mehr Elevation erforderlich, wenn die Sonne verschwindet; ist dagegen die Scheibe im Schatten, und ruht das Sonnenlicht auf der Büchse, und die Sonne verschwindet dann plötzlich, so wird weniger Elevation nöthig. Auf 500 Yds. macht dieser Wechsel des Lichtes, nach Capt. Heatons´s Ansicht, einen Unterschied von 2 Fuß. Man kann leicht Experimente über diesen interessanten Gegenstand anstellen, wenn man eine Büchse, auf einen entfernten Gegenstand gerichtet, festschraubt, etwa auf eine Thurmspitze; die Büchse bewegt sich offenbar nicht, man wird aber beobachten, daß der Zielpunkt zu steigen oder zu fallen scheint.

„Die letzte Quelle von den Fehlern, welche beim Büchsenschießen begangen werden, liegt in dem Schützen selbst. Man kann sagen, diese ganze Classe von Fehlern läßt sich auf einen einzigen reducieren, und wenn man diesen vermeidet, so entgeht man allen übrigen. Dieser besteht im Losdrücken zur unrechten Zeit. Kein Schütze kann daran denken, seine Büchse vollkommen still zu halten. So lange der Kolben an der Schulter eines lebenden Menschen liegt, müssen die Bewegungen des Athems und Blutumlaufs die Mündung in fortwährenden Schwingungen erhalten, die vielleicht außerordentlich klein aber deutlich wahrnehmbar sind, wenn man durch ein teleskopisches Visir sieht. Alles was man thun kann, ist daher, dieser Bewegung Rechnung zu tragen und abzudrücken, wenn die Visirlinie sich dem Zielpuncte nähert, und den glücklichen Moment so zu erfassen, daß das Geschoß weder unter noch über dem Ziele einschlägt.

„Diese Kunst kann man erlernen, und wenn man sie erlernt hat, nur durch Uebung erhalten werden. Uebung an Conlin's schwebender Kugel auf 75 Fuß Distanz ist eben so gut, wie Uebung auf das Creedmoor Blättchen mit 1000 Yds. Distanz. Wenn der Schütze die Herrschaft über seine Nerven erlangt hat, daß Wollen und Thun eins sind, so daß er ohne plötzlichen Ruck gerade im rechten Moment abdrückt, so kann er auf der Stelle, und eher der Zeiger markiert, selbst sagen, ob sein Schuß gut gewesen ist oder nicht, d. h. wenn seine Patrone gehörig geladen und die Visirung richtig gestellt war.

„Hat der Schütze erst diese Gewalt über sich selbst erlangt, so muß er vor Allem sich so in äußere Umstände schicken lernen, daß dieselben nicht störend einwirken. Er sollte daher die Stellung nehmen, welche ihm die bequemste ist, stehend, knieend, sitzend oder liegend; er muß sich so kleiden, daß alle seine Bewegungen frei und ungehindert sind; im Essen, Trinken und Rauchen muß er mäßig sein, denn jede Störung der Organe des Unterleibs wirkt unmittelbar auf die Nerven und bringt Verlust seiner Gewalt über dieselben mit sich. Endlich muß er seinen Gleichmuth bewahren und einen Fehlschuß eben so kaltblütig hinnehmen können wie einen Treffer.

„Wettschießen hat sehr viel Aehnlichkeit mit Billard-Wettspiel. Mancher Mann ist sehr wohl im Stande, wenn er für sich oder in gewohnter Umgebung ist, Etwas zu tun, was ihm öffentlich und vor den Augen

Vieler auszuführen ganz unmöglich wird. Solche können der irischen Mannschaft nicht gegenübergestellt
werden. Werden die Irländer besiegt, so glauben wir,
daß dies einzig daran liegen wird, daß sie sich körper-
lich nicht in eben so gutem Zustande befinden werden, als in ihrer Heimath. Es ist verhältnismäßig
leicht, in Creedmoor zu schießen, wo das klare Licht
eines amerikanischen Nachmittags kaum wechselt
und jene optischen Täuschungen selten sind im Ver-
gleich mit Wimbledon mit seinem gebrochenen Ter-
rain, wo die Luftspiegelungen der feuchten Atmospäre
England´s fortwährend Wechsel in der Elevation bedingen. Es ist daher ein glücklicher Umstand, daß
der Wettkampf auf amerikanischem und nicht auf
englischem Grund und Boden ausgefochten werden
soll; hier haben wir einige Aussicht; die Gegner zu
schlagen, in England würden wir keine haben.

(T.C.C.)

Zum fünften Mecklenburgischen Landesschützenfest am 2., 3. Und 4. Juli

Artikel, „Deutsche Schützen- und Wehrzeitung", Jahrgang 1876, Nr. 23.

liegt eine recht herzliche Einladung vom Vorstande des Festes in Wismar und dem Central-Comité des Mecklenburgischen Schützenbundes vor und das beigefügte Festprogramm wie die Gastfreundschaft der Wismaraner, welche sich bei allen dort abgehaltenen Festen bewährt hat, die schöne Lage der alten Seestadt giebt die Gewähr für erinnerungsreiche und fröhliche Tage. – Sonntag, den 2. Juli. Empfang der auswärtigen Schützen, von 6 Uhr Nachmittags ab musikalische Unterhaltung im Schützengarten, um 7 Uhr Versammlung der Deputirten im Schützenhause, Abends Illumination und um 10 Uhr Zapfenstreich. Montags Morgen 6 Uhr Weckruf durch die Stadt, 7 Uhr Festzug vom Rathaus nach dem Festplatz, 8 Uhr Beginn des Schießens, Nachmittags 1 – 3 Uhr Festtafel im Audienzsaale des Rathhauses, 3½ Uhr bis zum Einbruch der Dunkelheit Fortsetzung des Schießens. Dienstag von früh 7 Uhr bis Abends 8 Uhr mit Pause von 1 – 2 Uhr Schießen, Abends 8½ Uhr Preisvertheilung, dann Festball.

Aufgestellt sind 16 Scheiben, 10 auf 114m Entfernung zum Auflegen, 4 auf 175, 2 auf 300 Meter Entfernung zum Freihandschießen. Die erste Gattung ist eingetheilt in 2 Festscheiben, 2 Concurrenzscheiben und 6 Procentscheiben. Auf die Festscheibe hat jeder Theilnehmer 3 Schüsse, von denen nur der beste berücksichtigt wird. Für die Concurrenzscheiben wer-

den Karten zu 4 Schüssen gegen 1½ Mark Einlage
unbeschränkt ausgegeben, die Scheibe hat 20 Ringe,
die Einlagen werden nach Abzug von 25 pCt. zu Gewinnen verwendet, je 8 auf 100 Einlagen der höchste
Gewinn soll 10 pCt. der Netto-Einnahme nicht über-
steigen, der letzte nicht unter 3 Mk. betragen. Derselbe Schütze kann nur einen Gewinn erhalten. Auf die
Procentscheiben kostet der Schuß 25 Pfg., (nicht unter 6 käuflich) das Trefferfeld von 12 Centimeter
Durchmesser ist in 2 Felder geteilt, die Einlagen
werden nach Abzug von 25 pCt. auf die geschossenen
Puncte repartirt. – Die beiden Feldscheiben sind eingerichtet wie bei den deutschen Bundesschießen, die
eine dient als Fest- und Procentscheibe, die andere
als Concurrenzscheibe (6-15 zählt 1, 16-20 zählt 2)! –
Eine der Scheiben auf 175 Meter Entfernung gilt als
Festscheibe, die zweite dient für Concurrenz -, die
dritte und vierte für Procentschießen. Bei der Festscheibe werden 5 Schüsse für eine Einlage von 3 M.
gestattet, nur der beste Schuß gilt, das Trefferfeld ist
14½ Centim. groß. Die Concurrenzscheibe hat 20
Ringe, bei den Procentscheiben ist das Trefferfeld von
30 Centim. in 2 Theile geteilt.

Es sind nur 2 Zielpuncte, bei den Feldscheiben keine
Diopter gestattet. Der Festbetrag einschließlich 3 M.
Einlage auf den Landes-Königsschuß beträgt 7 M.

———————

Munitions-Schwierigkeiten

Artikel, Autor: R.Stahl - „Deutsche Schützen- und Wehrzeitung", Jahrgang 1879, Nr. 25.

Wenn schon beim Vorderlader die Anfertigung der Munition mit Schwierigkeiten verbunden war, so ist dies beim Hinterlader nicht geringer geworden. Es kommen durch schlecht gegossene Geschosse, ungenügende Fettung etc., massenhaft Fälle vor, wodurch den Verfertigern von Waffen das Geschäft und den Schützen das Vergnügen verbittert wird.

Gestatte man mir, besonders denjenigen Schützen, bei welchen die Hinterladung erst jetzt Eingang gefunden hat und auf das Selbstladen ihrer Patronen reflectiren, ein Verfahren vorzuschlagen, wie es von praktischen Schützen bisher gehandhabt wurde.

Diese bewahren ihre abgeschossenen Patronenhülsen möglichst trocken auf, oder sehen wenigstens darauf, dieselben baldigst wieder zu laden, ehe sie der Grünspan angreift, und hauptsächlich, daß solche vor der Wiederladung innen stets trocken sind, da der aufgelöste Pulverbrand häufig Feuchtigkeit hinterläßt, deren Entfernung man sich z. B. durch Liegen an einem warmen Ort am Besten versichern kann.

Zum weiteren Verfahren ist nöthig: eine Kapselzange, ferner ein, einem Schraubenzieher ähnliches Instrument, welches genau den Geschoßraum ausfüllt, ein Fettgefäß, eine Zange zum Abzwicken der Kugel, wenn solche nicht schon an der Kugelform ist, und sehr zu empfehlen ist der jetzt bei Herrn A.Frohn hier zu habende Gießapparat, der auch durch jede andere hiesige Firma ohne Preiserhöhung bezogen werden kann.

Man lasse nun in dem in der Schützenzeitung schon näher beschriebenen Apparat das Blei zerfließen, bis es von der weißen Farbe in eine gelbliche oder bläuliche übergeht. Beim Eingießen in die Form sehe man hauptsächlich darauf, daß man das fließende Blei so lange an den Anguß des Geschosses halte, bis ersteres in der Form erstarrt ist; auf diese Weise kommt nie ein hohles oder mit einem Gußloch versehenes Geschoß zum Vorschein, indem sich das fließende Blei stets in das entstehen wollende Loch zieht.

Nachdem nun die Geschosse abgezwickt, tauche man sie so weit die Ringe gehen, welche in den Hülsenraum geschoben werden, in das inzwischen an dem Gießapparat erwärmte Fett, welches aus reinem Talg oder auch aus 7 Theilen Talg und 1 Theil gelbem Wachs bestehen kann und stelle das Geschoß auf ein Fließpapier.

Man nehme nun die gebrauchte Hülse, ziehe mittels der Kapselzange die alten Hütchen aus und setze ein neues ein. Beim Einsetzen der Hütchen sehe man hauptsächlich darauf, daß das Hütchen so tief sitzt, daß es mit der innern Fläche des Zündstoffes auf dem Gegendorn in der Zündglocke aufsitzt, Hohlsitzende Hütchen haben den Nachtheil, daß beim Anschlag des Bolzens vom Gewehr der Zündstoff zerbröckelt und versagt. Es ist auch darauf zu achten, ob sich die Gegendorne nicht überhaupt zu sehr gesetzt haben, daß die Zündfläche nicht mehr aufsitzen kann und nehme in diesem Falle an, daß die Hülse ausgedient hat.

Gerade hierin liegt häufig der streitige Punkt bei Versagern; der Schütze glaubt, die Feder des Gewehres sei zu schwach, während er schon lange keinen brauchbaren Gegendorn in der Zündglocke mehr hat; er läßt eine stärkere Feder machen und ruinirt damit namentlich die Hülsenverschlüsse, bei welchen der Schlagbolzen sehr schwer ist; desto schneller seine neuen Hülsen, die er inzwischen beschafft, und die stärkere Feder dann doch nichts hilft. Hier handelt es sich um gute Gegendorne in den Hülsen, mittelmäßig starke Federn und gutes Aufsitzen der Hütchen.

Nachdem nun die Hütchen eingesetzt, reinigt man mit dem, einem Schraubenzieher ähnlichen Instrument, den Geschoßraum der Hülse; indem man mit der Klinge des Instruments in denselben fährt und herumdreht, wodurch sich der angesetzte Brand entfernt.

Die Hülse erhält nun eine Ladung naßbrandiges Pulver und das schon gefettete Geschoß, welches mittelst der Hand oder eines Ladeapparats eingesetzt wird. Die Patrone wird abgewischt, wobei sich durch das anhängende Fett vom Geschoß auch die Hülse etwas einfettet. Schließlich tauche man das aus der Hülse vorstehende Geschoß nochmals in das Fett, gehe sofort auf das Schießhaus, trinke einige Liter Bayrisches und ein Zweier um den andern wird der Schießmaschine entlockt werden.

Noch ein Wort über Pulver. Vor zehn Jahren war es noch zweifelhaft, ob man einen Hinterlader als eine genau schießende Waffe herstellen konnte, indem bei dem damaligen Pulver sich das Rohr schon nach wenigen Schüssen verschleimte. Inzwischen wurde das Pulver wesentlich verbessert, d. h. der nasse Brand erzielt, welcher bei gewöhnlicher Temperatur vollkommen genügt. Anders verhält es sich aber, wenn das Rohr bei Schnellfeuer oder sehr heißem Wetter zu sehr erhitzt wird. Hier werden manchmal, auch beim besten Gewehr, Abweichungen vorkommen, weil der Brand sich namentlich hinten am Uebergange nicht schnell genug auflöst und dieser harte Brand das Geschoß schon vor seinem Eintritt im Rohre deformirt.

Man hat die Geschosse mit Pflaster oder auch Papierumhüllung geladen, damit aber nichts erzielt in der Brandauflösung, sondern bloß durch die Künstelei die Anfertigung der Munition erschwert. In diesem angeführten Falle ist zu empfehlen, hie und da eine Patrone resp. das Geschoß vor dem Einschieben mit Wasser anzufeuchten, indem Wasser den Brand mindestens zehnmal schneller auflöst als das schon angebrachte Fett. Hier hilft etwas Feuchtigkeit, z. B. das Geschoß vielleicht nur einmal durch den Mund zu ziehen, mehr, als unsere ganze Kunst.

Suhl, den 11. Juni 1879

R.Stahl

Hinterladungs-, Scheiben- und Pürschbüchsen

eigenen Patents,

Jagdgewehre besserer Qualität

nach allen bewährten Systemen,

Techin und Revolver für Centralfeuer,

sowie

Metallpatronen in vorzüglicher Qualität

von

R. Stahl,

Gewehr- und Metallpatronen-Fabrik

in

SUHL (Preussen).

Langensalza,
Druck von Hermann Beyer & Söhne.
1879.

**Blatt 1 einer Werbebeilage der Firma Richard Stahl in Suhl,
"Deutsche Schützen- und Wehrzeitung", 1879 Nr.16**

Sÿstem Stahl Patent, Modell 1876.

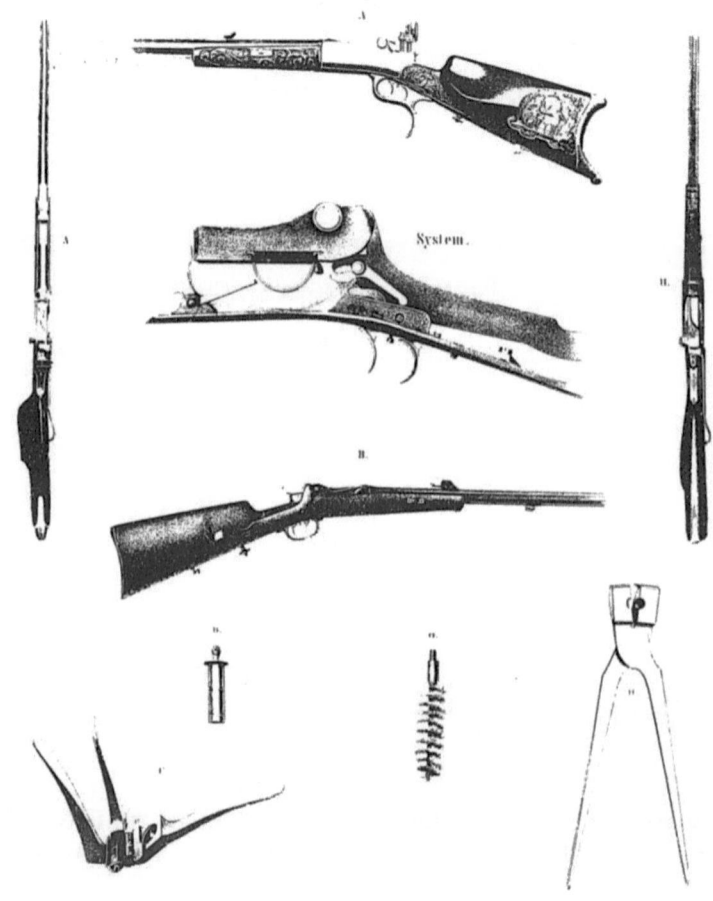

**Blatt 2 einer Werbebeilage der Firma Richard Stahl in Suhl,
"Deutsche Schützen- und Wehrzeitung", 1879 Nr.16**

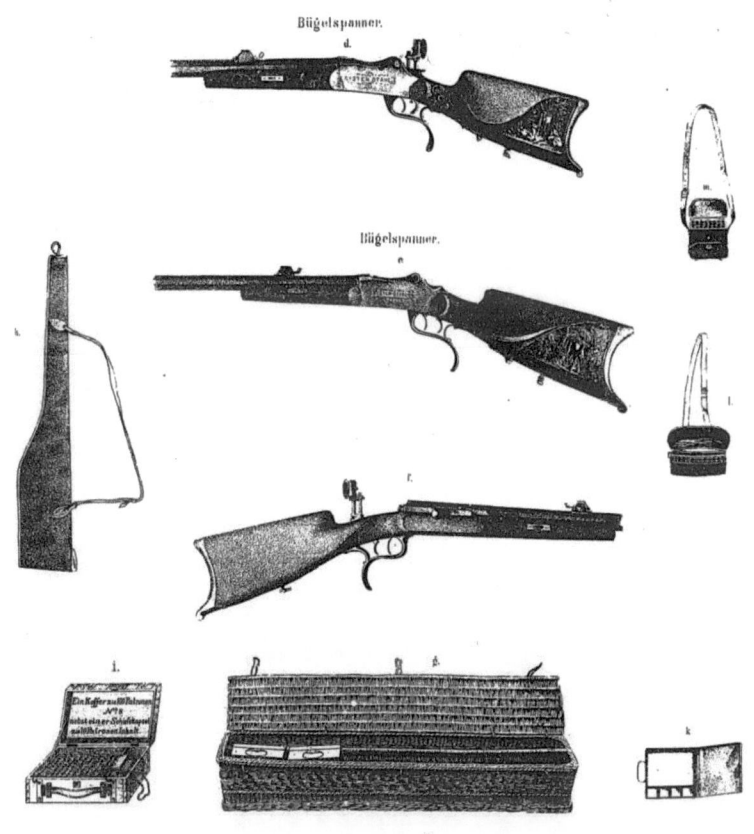

Blatt 3 einer Werbebeilage der Firma Richard Stahl in Suhl, "Deutsche Schützen- und Wehrzeitung", 1879 Nr.16

Blatt 4 einer Werbebeilage der Firma Richard Stahl in Suhl, "Deutsche Schützen- und Wehrzeitung", 1879 Nr.16

Zur Pulverfrage

Artikel, Autoren: Cramer & Buchholz - „Deutsche Schützen- und Wehrzeitung", Jahrgang 1880, Nr. 47.

Rönsahl, 19. November 1880

In Nr. 46 Ihres Blattes fragt Herr F.W. aus M.-Gl. wegen Naßbrandpulver an, welches „frei von überschüssiger Kohle und Schwefel" ist.

In Folge dieser Anfrage erlauben wir uns, in unserer Eigenschaft als Pulverfabrikanten, Ihnen unsere Ansichten und Erfahrungen über Naßbrandpulver mitzutheilen und hoffen dadurch mit dazu beizutragen, die vielen irrigen Anschauungen den Herren Jäger und Schützen in etwas richtig zu stellen.

Das Naßbrandpulver ist hauptsächlich mit der Einführung der kleinen Büchsenkaliber aufgekommen. Es wurde ein ähnliches Pulver, rund und grob, schon seit langer Zeit unter der Bezeichnung Berner oder Linzer Pulver namentlich in Süddeutschland geschossen; dies Pulver hatte aber wenig nassen Brand. Im Jahre 1862 haben wir das jetzige Naßbrandpulver zuerst auf dem zweiten deutschen Bundesschießen in Frankfurt a. M. unter dem Namen „Deutsches Scheibenpulver, Nasser Brand" in den Handel gebracht und zwar mit dem Etiquette zwei Schützen an einer Scheibe lehnend. – Dieses unser „Deutsches Scheibenpulver, Nasser Brand" hat mit Recht solchen Anklang gefunden, daß es bald von sämmtlichen anderen deutschen Fabrikanten ebenfalls mehr oder weniger gut hergestellt und von fast allen unser Etiquett mit kleinen Abänderungen und auch oft ganz genau nachgedruckt wurde. – Da damals noch kein Markenschutzregister existierte, war man schutzlos gegen solchen Nachdruck von Etiquetten.

Wir schreiben Ihnen Vorstehendes, um damit unsere Berechtigung, über Naßbrandpulver zu urtheilen, zu erklären.

Jedes Pulver hinterläßt beim Verbrennen einen Rückstand; derselbe besteht aus dem Rauch, welcher sich dem Auge zeigt und demjenigen Rückstand, welcher im Lauf zurückbleibt. – Wir haben es nur mit letzterem zu thun.

Als noch die großen Kaliber Mode waren, wo die Kugel in den weiten Lauf hinunter gehämmert wurde, da war es ziemlich unwesentlich, ob der Rückstand im Lauf härter oder weicher war. – Als aber die engen Kaliber aufkamen, da waren die Langgeschosse bei Pulver mit hartem Rückstande und dem dünnen Ladestock oft gar nicht bis zum Pulverlager hinunter zu bringen. – Es mußte unbedingt ein Pulver hergestellt werden, dessen Rückstand feucht war,. resp. wurde. – So entstand das Naßbrandpulver.

An und für sich ist stets der Rückstand des Pulvers, der bei richtiger Verbrennung aus Schwefelkalium, kohlensaurem und schwefelsaurem Kali besteht, trocken; er wird nur feucht, wenn er aus der Luft Feuchtigkeit anzieht. Dies thut in sehr begierigem Maaße Schwefelkalium, und namentlich mehrfach (fünffach) Schwefelkalium und kohlensaures Kali. – Es handelte sich also darum, das Pulver so zu fabriciren, daß im Rückstand möglichst viel mehrfach Schwefelkalium und kohlensaures Kali und möglichst wenig schwefelsaures Kali enthalten ist, welches letztere stets trocken bleibt.

Diese Rückstände von mehrfach Schwefelkalium und kohlensaurem Kali, namentlich der Gehalt an ersterem, bedingen den sogenannten nassen Brand, indem sie, die im Moment des Verbrennens des Pulvers ganz trocken und hart sind, so rasch aus der Luft Feuchtigkeit anziehen, daß der Rückstand im Lauf weich wird. – Schwefelkalium sieht gelb aus.

Es läßt sich der große Gehalt von Schwefelkalium und kohlensaurem Kali im Rückstande aber außer der besonderen Fabrikationsart und durch großen Zusatz von Schwefel und Kohle erreichen; und da der Pulververbrennungsproceß durchaus noch nicht genau erforscht ist, auch je nach dem Druck, unter dem das Pulver sich entzündet, verschieden ist, so ist es außerhalb der Möglichkeit, den Zusatz von Schwefel und Kohle so genau zu bestimmen, wie es der Theorie nach, welche ja gar noch nicht feststeht, nöthig wäre. – Auf diese Weise entsteht bei Naßbrandpulver stets ein Ueberschuß an Kohle und Schwefel, namentlich an Kohle.

Das jetzige Schießpulver ist noch Nichts Vollkommenes; speciell bei Naßbrandpulver muß man, um den feuchten Rückstand zu erzielen, einen geringen Ueberschuß von Kohle und Schwefel mit in den Kauf nehmen, es schadet das auch absolut nicht der Treffsicherheit des Schusses, der Rückstand wischt sich bei Vorderladern durch das gepflasterte Geschoss aus den Zügen und schießt sich auch bei Hinterladern durch das in die Züge gepreßte Geschoß mit hinaus. – Uebrigens giebt der Rückstand, den Pulver beim Abbrennen auf Papier hinterläßt, in keiner Weise Sicherheit für den Rückstand im Lauf. – Es ist durch die umfangreichsten und sorgfältigsten Versuche be-

wiesen, daß Pulver umso richtiger verbrennt, je größer der Widerstand ist, welcher sich den Gasen ent-
gegensetzt und daß der Rückstand von lose verpuff-
tem Pulver eine ganz andere chemische Zusammen-
setzung hat, als der Rückstand im Gewehr und im
Lauf. –

Wir wollen uns nicht weiter über diesen Gegenstand
äußern; es würde uns zu weit führen und die Leser
gewiß ermüden. – Es hört gewissermaßen zum Sport,
über Pulver zu urtheilen, und ist bei schlechten
Schüssen das Pulver zumeist der Sündenbock und
fast stets ganz unschuldig. – Pulver richtig zu beurt-
heilen ist sehr schwierig, gerade weil es je nach Qualität der übrigen Munition und Dichtigkeit und Bauart
der Gewehre verschieden verbrennt. Es ist noch sehr
Vieles dunkel im Pulververbrennungsproceß. – Das
lernt man erst, wenn man sich Tag für Tag mit den
Untersuchungen theils aus geschäftlichem Interesse
und theils aus Liebhaberei beschäftigt. Wir untersu-
chen fortwährend auf unseren Schießplätzen prak-
tisch auf Scheiben mit den verschiedenartigsten Ge-
wehren, sowie mit den neuesten und besten Appara-
ten (Chronograph, Dichtigkeits- und Gasdruckmes-
ser) und wenn wir dann zur Jagd kommen, findet
sich oft noch Manches, was im Augenblick unerklär-
lich scheint. – Ein Laie sollte sich hüten, Mißerfolge
dem Pulver aufzubürden, die meist in ganz anderen
Undichtigkeiten ihren Grund haben. –

Beim Scheibenschießen kommt es oft vor, daß die
Züge verbleien und also anscheinend das Pulver har-
ten Brand hat. – Das Pulver ist dann ganz unschuldig, das Blei in den Zügen ist ohne chemische Unter-
suchung nicht vom Pulverrückstand zu unterschei-

den; es bildet sich Schwefelblei, welches auch schwarz ist. So giebt es noch Manches! Viele Schützen, welche Hinterlader führen, laden die Patronen nicht voll, so daß zwischen Pulver und Geschoß ein leerer Raum entsteht. – Das ist sehr schädlich, es kann dann ein sicherer Schuß nur zufällig sein. – Wenn die Patrone so groß ist daß die Pulverladung nicht den Raum bis zum Geschoß ausfüllt, so muß der leere Raum durch Pfropfen ausgefüllt werden. – Es ist unglaublich, welch eine Menge ganz falsch in ihren Dimensionen construirter Metallhülsen existirt: Da sind schlechte Resultate nicht zu verwundern. Ebenso spielt das richtige Verhältniß von Pulver zum Geschoß eine wichtige Rolle; es muß bei den Hinterladerbüchsen für Schießen auf weite Distanz 1:5 sein; also die Pulverladung soll $1/5$ des Geschossgewichtes betragen. – Bei Jagdgewehren ist das beste Verhältniß 1:6 bis 1:7. –

Cramer & Buchholz.

Schießordnung für das siebente Deutsche Bundesschießen in München 1881

„Deutsche Schützen- und Wehrzeitung", Jahrgang 1880, Nr. 46

Nachstehende

Schießordnung
für das siebente Deutsche Bundesschießen
in München

wird hiermit verkündet.

Gotha und Arnstadt, den 14. November 1880
Für den Gesammtausschuß des Deutschen Schützenbundes

Der Vorsitzende   Der Schriftführer
    Sterzing   R.O. Bärwinkel

I. Allgemeine Bestimmungen.

1. An den für das Schießen bestimmten Tagen wird von 7 Uhr Morgens bis 1 Uhr Nachmittags und von 3 Uhr Nachmittags bis 8 Uhr Abends geschossen.

Das Schießen am ersten Festsonntag beginnt auf die Feld- und Standscheiben mit je einem Concurrenzschießen um die ersten zehn Becher. Erst nach Beendigung dieses Schießens beginnt das allgemeine Schießen.

2. Am Schießen können nur Mitglieder des deutschen Schützenbundes und als Gäste nichtdeutsche Schützen oder solche Deutsche theilnehmen, welche

durch ihre Lebensstellung abgehalten sind, Mitglieder des deutschen Schützenbundes zu werden.

3. Jeder Schütze hat eine Festkarte zu lösen. Für dieselbe ist der Betrag von 6 Mark vorher an den Festort portofrei einzusenden.

4. Es werden mindestens 100 Scheiben aufgestellt, theils auf 300m Entfernung (Feldscheiben), theils auf 175m (Standscheiben).

II. Feldscheiben.

5. Die Feldscheiben (300 Meter Entfernung) haben ein oben und unten halbkreisförmig abgerundetes Schwarz von 90 Centimeter Höhe und 45 Centimeter Breite.

Jeder Schuß ins Schwarze oder welche dasselbe erkennbar berührt, gilt als Treffer und zwar zählt jeder Schuß auf das innere, 57 Centimeter hohe und 12 Centimeter breite Feld zwei Punkte, jeder Schuß auf das äußere Feld einen Punkt.

6.   30 geschossene Punkte geben Anspruch auf eine silberne Festmünze im Werthe von 5 Mk.
20 weitere auf eine zweite dto.
130 weitere oder zusammen 180 Punkte (außer den vorherigen zwei Münzen) auf einen Becher, oder eine Uhr oder 50 Mk baar.

Denjenigen, welche zwei Festmünzen erschossen haben, ist es gestattet, für je 20 weitere Punkte noch eine dritte und eine vierte Festmünze zu erwerben. Dieselben können dann die Becherprämie nur erhalten, wenn sie außer den geschossenen 70, bzw. 90 Punkten noch weitere 130 Punkte schießen.

Ebenso ist es Denjenigen, welche zwei Festmünzen und einen Becher erschossen haben, gestattet, für je 20 weitere Punkte noch eine dritte und eine vierte Festmünze zu erwerben. Statt dieser dritten und vierten Festmünze kann eine (die dritte) Festmünze und eine seidene Fahne entnommen werden.

In der Mitte des schwarzen Feldes werden Plättchen angebracht zur Ermittlung der besten Schüsse. Auf eine Anzahl dieser besten Schüsse werden vom Festort Geldpreise gewährt werden.

7. Die Becherprämie kann nur einmal erworben werden.

8. Der Einsatz für jeden Schuß auf die Feldscheiben beträgt 30 Pfg.; die Zahl der Schüsse ist unbeschränkt.

Es ist den Schützen auch gestattet, einen Einsatz von je 65 Pfg. zu machen, die damit geschossenen Punkte werden doppelt gezählt.

9. Alle jene Waffen sind zulässig, welche höchstens 6 Kilo wiegen, einen Feldstecher (der auch ohne vorheriges Stechen oder Eindupfen die Entladung bewirkt) offenes Korn und offenes Absehen haben. Als offenes Absehen gilt auch das Spaltabsehen (Gabel), sofern der Spalt nach unten keine Erweiterung hat.

Etwaige Röhrchen zum Schutze des Korns müssen oben in der ganzen Länge mindestens sieben Millimeter offen sein.

Einfache Gläser dürfen auf dem Schafte befestigt sein, doch dürfen sie keinen dritten Zielpunkt bilden (sie dürfen z. B. am Rande nicht mattgeschliffen oder verdunkelt sein).

Besondere Stützgriffe, mögen sie am Schaft oder am Bügel angebracht sein, sind nicht gestattet. Als besonderer Stützgriff ist jede Vorrichtung am Bügel oder Schaft anzusehen, welche nicht nur zum Schutz der Abzüge oder zum Einlegen der Finger derjenigen Hand dient, mit welcher abgezogen wird, sondern auch zur Stütze der anderen Hand, mit welcher das Gewehr gehalten wird, also jeder besondere in ungewöhnlicher Länge oder Dicke hervorstehende Haken, Knopf, Bogen oder dergleichen.

III. Feld-Festscheiben.

10. Es werden drei Feld-Festscheiben aufgestellt. Sie heißen „Deutschland", „Düsseldorf", „München".

11. Vom Mitschießen auf die Scheibe „Deutschland" sind solche nichtdeutschen Schützen ausgeschlossen, in deren Heimath die deutschen Schützen vom Mitschießen auf gewisse Scheiben ausgeschlossen sind. Von den Mitgliedern des deutschen Schützenbundes ist die Mitgliedskarte für 1881 bei Zahlung des Einsatzes vorzuzeigen.

12. Das Schwarze hat die Gestalt wie auf den Feldscheiben. Das Trefferfeld, ähnlich gestaltet, ist 60 Centimeter breit und 105 Centimenter hoch. Es ist durch ineinanderliegende Linien, welche oben und unten halbkreisförmig abgerundete Rechtecke darstellen, auf 20 Punkte eingetheilt. Die Umfassungslinien stehen überall 15 Millimeter von einander ab. Das innerste, 20 Punkte zählende Feld, ist mithin 3 Centimeter breit und 48 Centimeter hoch. 1 bis 5 Punkte liegen im Weißen, 6 bis 20 Punkte im Schwarzen. Diejenige Fläche gilt als getroffen, deren äußere Umfassung wenigstens erkennbar berührt ist.

13. Der Schütze hat auf jeder Feld-Festscheibe zwei Schüsse. Die auf einer Scheibe geschossenen Punkte werden zusammengezählt. Doppeltreffer gehen den einfachen vor. Bei Gleichheit entscheidet die Güte des zweiten Schusses; entsteht dabei auch Gleichheit, so entscheidet das Loos.

14. Der Einsatz für die Feld-Festscheiben beträgt 15 Mk.

IV. Standscheiben.

15. Die Standscheiben (175 Meter Entfernung) haben theils ein schwarzes Centrum auf weißem Grunde, theils ein weißes Centrum auf schwarzem Grunde. Im Centrum, welches einen Durchmesser von 30 hat, befindet sich ein innerer Kreis von 15 Centimeter Durchmesser. Jeder Schuß in diesen inneren Kreis, oder welcher denselben wenigstens erkennbar berührt, zählt zwei Punkte, jeder Schuß in den äußeren Kreis, oder welcher denselben erkennbar berührt, einen Punkt.

16. 30 Punkte geben Anspruch auf eine
     silberne Festmünze im Werthe von 5 Mk.
     20 weitere Punkte auf eine zweite desgl.,
     110 weitere oder zusammen 160 Punkte (außer den vorherigen zwei Münzen) auf einen Becher, oder eine Uhr oder 50 Mk baar.

Denjenigen, welche zwei Festmünzen erschossen haben, ist es gestattet, für je 20 weitere Punkte noch eine dritte und eine vierte Festmünze zu erwerben. Dieselben können dann die Becherprämie nur erhalten, wenn sie außer den geschossenen 70, bzw. 90 Punkten noch weitere 110 Punkte schießen.

Ebenso ist es Denjenigen, welche zwei Festmünzen und einen Becher erschossen haben, gestattet, für je 20 weitere Punkte noch eine dritte und eine vierte Festmünze zu erwerben. Statt dieser dritten und vierten Festmünze kann eine (die dritte) Festmünze und eine seidene Fahne entnommen werden.

In der Mitte des Trefferfeldes werden Plättchen angebracht zur Ermittlung der besten Schüsse. Auf eine Anzahl dieser besten Schüsse werden vom Festort Geldpreise gewährt werden.

17. Die Becherprämie kann nur einmal erworben werden.

18. Der Einsatz für jeden Schuß auf die Standscheiben beträgt 30 Pfg.; die Zahl der Schüsse ist unbeschränkt. Auch beim den Standscheiben können Doppelmarken für je 65 Pfg. gelöst werden mit der gleichen Wirkung wie bei den Feldscheiben.

19. Alle Büchsen sind zulässig, welche nur zwei Zielpunkte haben; jedoch sind besondere Stützgriffe, mögen sie am Schaft oder am Bügel angebracht sein, nicht gestattet. (cf. Ziffer 9)

In Betreff der Gläser gilt das in §9 Geordnete.

V. Stand-Festscheiben.

20. Es werden drei Stand-Festscheiben aufgestellt. Sie heißen „Heimath", Stuttgart", Hannover".

21. Vom Mitschießen auf die Scheibe „Heimath" sind solche nichtdeutschen Schützen ausgeschlossen, in deren Heimath die deutschen Schützen vom Mitschießen auf gewisse Scheiben ausgeschlossen sind. Von den Mitgliedern des deutschen Schützenbundes

ist die Mitgliedskarte für 1881 bei Zahlung des Einsatzes vorzuzeigen.

22. Jeder Schuß in das kreisförmige Centrum von 30 Centzimeter Durchmesser gilt als Treffer.

23. Der Schütze hat auf jede Scheibe nur einen Schuß.

24. Die Treffer werden durch eine Maschine nach dem Abstande vom Mittelpunkte aus gemessen. Bei Gleichheit der Teiler entscheidet das Loos.

25. Der Einsatz für die Stand-Festscheiben beträgt 15 Mk.

VI. Schießen um die zehn ersten Becher.

26. Diejenigen Schützen, welche sich an dem Concurrenzschießen um die ersten zehn Becher (Ziffer 1) betheiligen wollen, haben sich bis spätestens am 15. Juli, Abends bei dem Schieß-Comité schriftlich oder persönlich anzumelden. Mit dem Gesuch muß ein Zeugniß des Vorstandes des Vereins, welchem der sich Anmeldende angehört, darüber vorgelegt werden, daß die Anmeldung mit dessen Einverständniß geschieht.

27. Aus je einer Stadt wird nur ein Schütze im Feld und nur einer im Stand zugelassen.

Mehr Schützen, als Stände zur Verfügung stehen, können nicht zugelassen werden.

Die Zugelassenen erhalten in der Reihenfolge, in der sie sich anmelden, Ausweise.

28. Befinden sich in einer Stadt mehrere Vereine, welche sich über die Person des zu empfehlenden Schützen nicht einigen können und es werden von

verschiedenen Vereinen mehrere Schützen empfohlen, so entscheidet das Schieß-Comité, wer zugelassen wird. Diese Entscheidung ist endgültig. Gründe für die Zulassung oder Abweisung hat das Schieß-Comité nicht anzugeben.

29. Jedem Schützen wird ein Stand allein zur Verfügung gestellt, jedoch nur so lange, bis die ersten zehn Becher herausgeschossen sind, längstens auf die Dauer von 1 Stunde. Jeder Schütze darf sich nur einer einzelnen Büchse bedienen.

30. Das Schießen beginnt auf allen Ständen gleichzeitig und wird von einem Comité-Mitglied die Zeit des Anfangs, wie die Zeit, wann jeder Schütze die erforderlichen Punkte erlangt hat, notirt und danach festgestellt, wer den ersten, zweiten, dritten Becher u.s.w. erlangt hat.

Die Becher werden dann zusammen an die Schützen vertheilt, wobei denselben ein Ausweis darüber gegeben wird, den wievielsten Becher sie errungen haben.

31. Versagt einem Schützen das Gewehr, oder es trifft ihn sonst ein Unfall an seiner Waffe, oder es ereignet sich sonst etwas, wodurch er, ohne Verschulden Anderer am Schießen verhindert wird, so wird ihm die verlorene Zeit nicht in Abzug gebracht. Es wird vielmehr so betrachtet, als habe er ununterbrochen fortgeschossen.

32. Außer dem Schützen, dem controlierenden Comité-Mitgliede und dem Warner darf sich niemand des für diesen Zweck abgegrenzten Raumes aufhalten.

33. Treten Ereignisse ein, welche nicht vorgesehen sind, so entscheidet das Schieß-Comité; dessen Entscheidung ist endgültig.

VII. Ehrenscheiben.

34. Sowohl im Stand als im Feld werden vom zweiten Schießtage an Ehrenscheiben für Meisterschießen aufgestellt.

35. Die Feld-Ehrenscheiben sind wie die Feld-Festscheiben eingerichtet, die Stand-Ehrenscheibe hat das Zielfeld der Standscheiben in 10 Ringe eingetheilt; außerdem liegen noch 10 Ringe im Weißen, so daß der Durchmesser des Trefferfeldes 60 Centimeter beträgt.

36. Auf diese Scheiben hat der Mitschießende drei Schüsse, deren Ringe zusammen gezählt werden. Bei der Preisvertheilung geht die größere Trefferzahl vor; bei Gleichheit der Trefferzahl entscheidet die Zahl der geschossenen Ringe (Punkte). Besteht auch hierin Gleichheit, so entscheidet die Güte des letzten, dann des vorletzten Schusses, und wenn alle drei Schüsse gleich sind, das Loos.

37. Die Einlage auf jede Ehrenscheibe beträgt 3 Mk. Und kann beliebig wiederholt werden, wobei aber der Schütze auf jeder Ehrenscheibe nur einen Preis erhalten kann.

38. Zwei Drittel der Einlagen werden zu Geldpreisen verwendet. Der höchste Preis beträgt $1/20$ der zu Geldpreisen zu verwendenden Summe. Bei den ersten drei Preisen auf der Feld-, wie auf der Stand-Ehrenscheibe widmet der Festort noch je einen Eh-

renpreis im Werth von mindestens 150, 100 und 50 Mark.

VIII. Vertheilung der Gaben.

39. Die Aussetzung, Ermittlung und Vertheilung der Preise ist Sache des Festorts, falls der Geber nicht anderweitig darüber verfügt hat.

40. Zu Preisen auf die Festscheiben werden ausgesetzt:

a) die Ehrengaben für das Fest,
b) die Hälfte des aus der Bundescasse geleisteten Beitrags,
c) je die Hälfte der auf die betreffende Gattung derselben gemachten Einlagen.

Der Plan über die ausgesetzten Preise wird vor Anfang des Bundesschießens bekannt gemacht.

IX. Ordnungsvorschriften.

41. Die Ordnung wird gehandhabt durch vom Festorte bestellte, mit besonderen Abzeichen versehene Ordner. Etwaige Beschwerden sind bei diesen anzubringen und von denselben möglichst zu erledigen. Vorkommenden Falls ist der Vorstand des Schieß-Comité's zu benachrichtigen. Dessen Entscheidung ist endgültig.

42. In die Schießhütten dürfen außer Schützen nur Angestellte eintreten. Festkarten und Abzeichen sind deshalb stets offen zu tragen.

43. Die Büchsen sind stets aufrecht zu tragen.

44. Außer der Schießzeit darf kein Schuß abgefeuert werden. Das Losschlagen von Zündhütchen oder Ausbrennen der Büchsen ist nur von den Schieß-

ständen aus und nach vorheriger Anmeldung bei den umstehenden Schützen, bezüglich dem Warner (Schreiber) gestattet.

45. Jeder Schütze muß alle seine Schüsse selbst laden. Patronen dürfen in der Schießhütte weder geladen noch entladen werden.

46. Das Zündhütchen darf erst aufgesetzt werden, oder sofern die Patrone die Zündmasse enthält, darf solche erst eingeschoben werden, wenn der Schütze zum Schießen antritt.

47. Wer einer der bisherigen Vorschriften zuwider handelt, zahlt 1 Mark Strafe. Bei besonders schweren Fällen oder wiederholten Uebertretungen kann der Zuwiderhandelnde aus der Schießhütte gewiesen oder vom Schießen ganz ausgeschlossen werden.

48. Die Schützen schießen nach der Reihenfolge, in welcher ihre Büchsen aufgestellt sind. Umtausch der Büchsen in Betreff ihrer Reihe ist nicht gestattet. Ist Derjenige, dessen Büchse die vorderste ist, nach geschehenem Aufruf nicht in den Stand getreten, so kommt einstweilen der Nächstfolgende an die Reihe. Geschossen werden darf nicht früher, bis der vorherige Schütze den Schießstand verlassen hat. Außer dem Schützen, der geschossen hat, und demjenigen, der an der Reihe ist, darf Niemand im Schießstande sich aufhalten.

Dem Schieß-Comité steht es zu, für bestimmte Stände die Einrichtung zu treffen, daß der Schütze, welcher an der Reihe ist, bis zu 5 Schüssen nacheinander aus Hinterladern abgeben darf, ohne den Stand zu verlassen.

49. Vor dem Aufsetzen des Zündhütchens oder dem Einlegen der Patrone ist die Schießmarke, bezüglich die Einlagekarte dem Warner (Schreiber) abzugeben.

50. Alle Schüsse, welche losgehen, nachdem der Schütze die Büchse zum Schießen aufgenommen hat, werden als abgegeben gerechnet.

51. Versagt eine Büchse, so darf der Schütze sich noch einmal fertig machen und zu schießen versuchen. Versagt sie abermals, so hat er nach Abnahme des Zündhütchens beziehungsweise Herausnahme der Patrone den Stand zu verlassen und erhält die Marke (Einlagekarte) zurück. Die wieder in Stand gesetzte Büchse ist in die Reihe hintenan zu bringen.

52. Es wird nur freistehend aus freier Hand geschossen. Die Haltung des Armes ist dem Schützen freigestellt, doch ist Unterlage von Polstern und dergleichen zur Stütze des Armes nicht gestattet. Der Kolben der Büchse darf während des Schießens nicht unter den Rock genommen werden. Ebenso darf sich kein Tragriemen an der Büchse befinden. In Hemdärmeln darf nicht geschossen werden.

53. Nur mit solchen Büchsen darf geschossen werden, welche vor ihrem Gebrauch vom Schieß-Comité in Betreff ihrer Zulässigkeit geprüft und gezeichnet worden sind.

54. Kein Schütze darf sich auf den Schießständen der gleichen Art zur gleichen Zeit mehr als einer Büchse bedienen.

55. Wer den Vorschriften der §§ 52, 53 oder 54 zuwiderhandelt, verliert jeden Anspruch auf Preise oder Gaben für die bis dahin geschossenen Punkte oder

Treffer. Auch kann er außerdem vom Feste ausgeschlossen werden.

56. Kein Schütze darf im Namen eines Anderen schießen.

57. Schützen, welche auf andere Namen schießen oder sich sonst irgend welcher Unredlichkeit schuldig machen, werden ihrer Einsätze verlustig, haben keinen Anspruch auf einen Preis und werden von der Theilnahme am Feste ausgeschlossen.

58. Jeder Schütze hat darauf zu achten, daß der Erfolg seiner Schüsse richtig in die Control-Bücher eingetragen werde. Nur dieser Eintrag ist bei der Vertheilung der Preise entscheidend. Nach derselben erfolgende Beschwerden in Betreff der Einträge werden nicht berücksichtigt.

Standscheiben (für 175m Distanz)

Festscheibe (30 cm Durchmesser)

Punktscheibe 30 cm Durchmesser,
inneres Trefferfeld 15 cm Durchmesser

Meisterscheibe, 60 cm Durchmesser, 20 Ringe,
Ringe 11-20 im Schwarzen

Feldscheiben (für 300m Distanz)

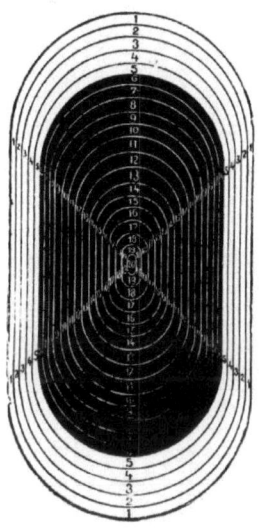

Feldfest- und Meisterscheibe
Höhe 105cm, Breite 60cm,
Ringe 1-5 im Weißen

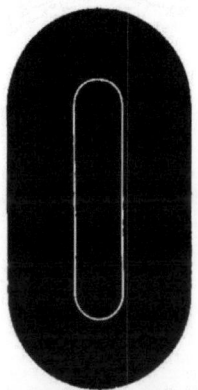

Feldscheibe (Punktscheibe),
Höhe 90cm, Breite 45 cm,
innres Trefferfeld Höhe 57 cm,
Breite 12 cm

Anleitung für die Herren Schützen, welche sich am siebenten deutschen Bundesschießen betheiligen

Artikel, verfasst vom Schieß-Comité des siebenten deutschen Bundesschießens - „Deutsche Schützen- und Wehrzeitung", Jahrgang 1881, Nr. 2.

Es ist sowohl im Interesse der Herren Schützen als des Comités, sich möglichst früh durch Vermittlung der Vorstände ihrer Gesellschaften anmelden zu lassen und gleichzeitig ihre Wünsche bekannt zu geben in Betreff des Quartiers und zwar ob sie Wohnung in einem Hotel, bezahlte Privatwohnung oder Freiquartier wünschen; im letzteren Falle müßten dieselben, wenn dem Comité nicht so viele Freiwohnungen zur Verfügung stehen, mit Einlogirung in Massenquartieren zufrieden sein.

Wer noch nicht Mitglied des deutschen Schützenbundes ist, thut wohl daran, bei der Anmeldung gleich um Aufnahme in diesen nachzusuchen; in diesem Falle ist der Nachweis zu liefern, daß der Ansucher Mitglied eines deutschen Schützen- oder Wehrverein ist (§3 der Satzungen des deutschen Schützenbundes).

Bei der Einlage auf die Festscheiben ist die Mitgliedskarte pro 1881 vorzuzeigen, wer diese nicht bei sich hat, muß, gleichviel ob Mitglied oder nicht, die Jahresbeiträge für 1879, 1880 und 1881 mit zusammen 3 Mark nachbezahlen; ausgenommen hiervon sind nur Ausländer und solche deutschen Schützen, welche vermöge ihrer Lebensstellung abgehalten sind,

Mitglieder des deutschen Schützenbundes zu werden (§2 der Schießordnung).

Nach Ankunft dahier und geschehener Einlogirung thun die Herren wohl daran, sich sofort ihre Schützen-Nummer zu erheben, welche schon von Freitag den 22. Juli ab in dem dafür bestimmten Bureau auf dem Festplatze ausgegeben werden. Die Herren haben die Festkarte hierzu mitzunehmen und wird ihnen nach geschehener Eintragung die Schützen-Nummer aufgeklebt. Darauf haben die Herren ihre Gewehre plombiren zu lassen (§53 der Schießordnung), was gleichfalls schon von Freitag den 22. Juli an bei den Büchsenmacherwerkstätten auf dem Festplatze geschieht.

Auf keinem Stande darf ein unplombirtes Gewehr angelegt noch weniger damit geschossen werden oder der Schütze hat zu erwarten, daß die nach §55 der Schießordnung angedrohten Folgen eintreten.

Vor Beginn des Schießens haben die Herren die Einlage-Karten resp. mit daranhängenden Controlkarten an der Casse in der Schießhalle zu lösen.

Die Markenkarten für Feld- und Standscheiben unterscheiden sich schon durch verschiedene Farben und sind überdies am Kopfe genau bezeichnet. Die Karten sind für 20 Schuß eingerichtet, bestehen aus zwei zusammenhängenden Theilen und zwar aus den Marken und der Controlkarte. Es werden sowohl einfache als Doppelmarken ausgegeben und kostet die Karte mit einfachen Marken 6 Mk. und die mit Doppelmarken 13 Mk.; am Kopfe der Karten wird durch den Cassier der Name und die Schützen-Nummer eingetragen.

Sollte der Cassier dieses übersehen haben, so hat es der Warner resp. Standschreiber nachzuholen.

Der Schütze kann sich seinen Stand beliebig wählen und denselben zu jeder Zeit wechseln. Eine Anzahl Stände wird eigens für Hinterlader bezeichnet und können auf diesen 5 Schuß nacheinander abgegeben werden.

Beim Betreten des Standes übergiebt der Schütze seine Karte dem Warner (Standschreiber), nach erfolgtem Schuß giebt dieser das Zeichen, auf dieses wird die Scheibe gewechselt und das Ergebnis folgendermaßen angezeigt:

Der Fehlschuß (Scheibenfehler) wird abgewinkt vermittels des Zeigerlöffels.

Beim Weißschuß (Schuß auf das weiße Feld) wird die schwarze Seite des Löffels, beim Schuß auf das äußere Trefferfeld (I) die weiße Seite des Löffels, beim Schuß auf das innere Trefferfeld (II) der rothe Ziellöffel gezeigt.

Bei den Standscheiben mit weißem Zentrum auf schwarzem Grund wird der Schuß auf das schwarze Feld durch die weiße Seite, der Schuß auf das äußere Trefferfeld (I) durch die schwarze Seite des Löffels markirt.

Wurde das Blättchen berührt, wird eine rothe Fahne geschwenkt.

Wurde ein Weißschuß oder Fehler bei der Scheibe angezeigt, so druckt der Warner eine Null (0) in das erste Feld der beiden Abtheilungen der Karte.

Wurde ein Einer oder Zweier angezeigt, die betreffende Zahl.

Bei einem Blättchen wird gleichfalls ein Zweier ein-
gedruckt, außerdem dieser Schuß nach der laufenden
Nummer mit dem Namen des Schützen in das Blätt-
chen-Protocoll eingetragen und erhält der Schütze
einen gleichlautenden Coupon. Ehe er diesen erhalten, soll er den Stand nicht verlassen. Sind alle Felder
der Karte abgestempelt, muß, wenn der Schütze weiter zu schießen wünscht, zuvor eine neue Karte vorgelegt werden. Der Schütze hat sich von der richtigen
Eintragung resp. Abstempelung seines Schußergeb-
nisses zu überzeugen, nachträgliche Reclamationen
können nicht angenommen werden.

Die abgeschossenen Karten werden bei derselben
Casse zurückgegeben, an der sie gekauft wurden. Der
Cassierer trennt die beiden Abtheilungen der Karte,
überstempelt die Controlkarte und giebt diese dem
Schützen zurück, welcher für die gute Aufbewahrung
Sorge zu tragen hat. Die Markenkarte legt er in ein
Kästchen und wird diese in das Controlbureau ge-
bracht und dort in die Bücher eingetragen.

Hat der Schütze die nöthige Anzahl Treffer erlangt zu
der erwünschten Prämie, wobei die auf der Doppel-
marken- und Zweierkarte eingezeichneten Treffer
doppelt gezählt werden, so giebt er die letzte Karte bei
dem Markencassirer ab,

Ist diese nicht vollständig abgeschossen, so werden
die unbenützten Marken mit der Scheere abgetrennt
und wird auf Verlangen der darauf entfallene Betrag
den Schützen sofort rückvergütet.

Eine Stunde nach Abgabe der letzten Karte oder
auch später begiebt sich der Schütze an den Schalter
des Controlbureaus, übergiebt dem funktionieren
Comitémitglieder oder Beamten seine Festkarte und

meldet die Prämie an, welche er glaubt erlangt zu haben.

Stimmt seine Angabe mit den Büchern, so werden die Festmünzen gegen Unterzeichnung einer Quittung sofort ausgefolgt, für die Becher- oder Uhrenprämie erhält er eine Anweisung, gegen deren Vorzeigung zwischen 12 und 1 Uhr Mittags oder 7 und 8 Uhr Abends die Prämie am Gabentempel ausgefolgt wird, ebenso verhält es sich mit den Fahnen, welche an Stelle der dritten Festmünze auf Wunsch gegeben werden.

Stimmen die Bücher mit der Angabe des Schützen nicht überein, so hat sich dieser noch einige Zeit zu gedulden, da wahrscheinlich die letzte Karte noch nicht eingetragen und später einmal wieder anzufragen. Ist dann die Sache noch nicht in Ordnung, zeigt er seine Controlkarte vor und liefert hierdurch den Nachweis, daß er die Prämie erlangt hat, worauf ihm auch diese zu Theil wird.

Die Herren Schützen werden gebeten, nicht durch ungestümes Drängen die ohnehin schwierige Aufgabe der manipulirenden Comité-Mitglieder und Beamten zu erschweren, man wird in aller Ruhe eher zu seinem Rechte kommen.

Will der Schütze auf die Festscheiben schießen, so hat er zunächst an der betreffenden Casse die Einlage zu zahlen und erhält hierfür die Schießkarte, welche für die Stand- und Feldfestscheiben in der Weise ausgegeben werden, daß sämmtliche 3 Standfestscheiben auf einer Karte, und ebenso desgleichen die 3 Feldfestscheiben auf einer Karte verzeichnet sind und können daher auch nur gemeinsam gelöst werden.

Bevor er den betreffenden Stand betritt, hat er diese Karte nebst seiner Festkarte dem Schreiber abzugeben und seinen Namen in das Standprotocoll selbst einzutragen. Bei der Feldfestscheibe ist er berechtigt, seine 2 Schüsse nacheinander abzugeben.

Der Schuß wird, wie bei den Kehrscheiben, von dem Zieler aufgezeigt; bei der Feldscheibe erscheint nach Aufzeichnung eines Treffers die betreffende Zahl, welche der Warner laut abruft; der Schütze hat sich dann zu überzeugen, ob diese richtig vorgetragen ist, sollte der Schreiber einen Fehler gemacht haben, so kann er dies durch das diensthabende Comitémitglied sofort richtig stellen lassen, welches dann eine betreffende Bemerkung auf die Einlagekarte zu machen und diese zu unterzeichnen hat; ohne diesen unterschriebenen Vermerk, welcher unmittelbar nach abgegebenem Schusse und zwar ehe ein weiterer Schuß in diesem Stande erfolgte, geschehen muß, kann keinerlei Reclamation Beachtung finden.

Erfolgt ein Fehlschuß oder Schuß außerhalb des Trefferfeldes, so ruft der Warner laut – Fehler – und der Schreiber trägt eine Null ein.

Bei dem Schießen auf die Standfestscheibe wird der Treffer je nach der Farbe des Centrums mit der weißen oder schwarzen Seite des Löffels gezeigt, darauf erscheint eine Nummer und der Warner ruft laut diese Nummer aus, welche der Schreiber dann in sein Protocoll und in die Einlegekarte vorzutragen hat.

Ob der Treffer gut oder schlecht, erfährt der Schütze erst nach geschehener Ausmessung, es wird dann auf einer besonderen Tafel die Theilerzahl ausgehängt, auch kann der Schütze seinen Carton (Pappdeckel) an einem besonders hiefür bestimmten Schalter sehen, da bei jedem Treffer dieser abgenommen und mit der laufenden Nr. dieses Treffers versehen in das Bureau gebracht und dort aufbewahrt wird.

Bei einem Fehlschuß oder einem Schuß außerhalb des Trefferfeldes ruft der Warner –„Fehler" – der Schreiber trägt gleichfalls eine Null vor.

Die Einlegekarten der Festscheiben sind gut aufzubewahren, da, falls ein Fehler in der Buchung entstehen sollte, resp. übersehen wird, den gemachten Treffer zu berücksichtigen, nur vermittelst der Einlagekarten reclamirt werden kann.

Bei dem Schießen auf die Ring-, Ehren-oder Industriescheiben hat der Schütze sich ähnlich zu verhalten wie bei dem Schießen auf die Feldfestscheibe. Er löst zunächst seine Einlagekarte, kommt er dann an die Reihe, so darf er seine 3 Schuß nacheinander abgeben; das Aufzeichnen und die Manipulation ist dieselbe wie bei den Feldfestscheiben und ist auch hier eines Jeden Pflicht, sich zu überzeugen, ob das Schießergebnis sowohl in das Protocoll als auf jeder der in 2 Felder getheilten Einlagekarten, richtig eingetragen ist.

Der Schreiber zieht das Resultat der 3 Schüsse gleich zusammen, trennt die Karte, legt die eine Hälfte in ein Kästchen und giebt die andere Hälfte dem Schützen zurück, der sie wohl aufzubewahren hat.

Hier ist der Schütze berechtigt, eine beliebige Anzahl von Einlagekarten zu nehmen und zu schießen so lang es ihm beliebt.

Sollte der Schütze irgendwie im Zweifel sein, wie er sich zu benehmen hat, so wende er sich an ein Mitglied des Schieß-Comités, welche beständig bei allen

Scheiben zu treffen und durch grüne Schärpen, die sie im Dienste tragen, leicht zu erkennen sind.

Die Herren Schützen werden dringend gebeten, wenn sie Unregelmäßigkeiten bemerken oder glauben, daß ein Warner Fehlschüsse als Treffer resp. statt 1er 2er einstempelt, sofort dem Comitémitgliede Anzeige zu machen, desgleichen wenn sie glauben, daß ein Schütze auf den Namen eines Anderen schießt, denn nur, wenn die Herren Schützen sich selbst gegenseitig controliren, kann es dem Comité möglich sein, allen Unterschleifen vorzubeugen.

Das Schieß-Comité
des siebenten deutschen Bundesschießens.